AF391815

GUIDE AÉRIEN

POUR

L'INDOCHINE

INTRODUCTION

Cet ouvrage est destiné aux aviateurs d'Indochine ; il s'adresse également à ceux, métropolitains ou Indochinois, qui s'intéressent au développement de l'Aviation dans le pays et désirent se renseigner sur les conditions de son emploi.

En temps que guide, il donne des renseignements précis sur chaque terrain d'atterrissage ou base d'amerrissage, sur les ressources locales en chaque point, sur les conditions des liaisons rapides entre les différents terrains, notamment sur la transmission des renseignements météorologiques.

Il est moins précis sur la description générale du milieu où évoluent les avions : description géographique, climatologique ; il ne s'agit pas, en effet, de faire une étude complète de cette question mais d'en donner un simple aperçu pour la raison suivante :

Quand on fait ses classes, on étudie en une seule et même séance, toutes les Colonies françaises : Indochine. Madagascar, la Réunion, l'A. O. F., le Congo, le Soudan etc.. etc... Cette manière de faire est un peu expéditive ; aussi n'est-il pas étonnant de constater, même chez les anciens bons élèves qu'il ne leur reste sur la nature et les ressources de notre domaine colonial. et en particulier de l'Indochine, qui nous occupe, que des idées très vagues. N'entend-on pas couramment en France, confondre Indochine avec Cochinchine et faire d'Hanoi un port de mer ?

Il faut donc présenter l'Indochine à ceux que l'énumération de ses ressources au point de vue aéronautique pourra tenter, présentation bien sommaire d'ailleurs et qui aura pour principal but de faire ressortir le système orographique du pays, question d'importance capitale pour l'Aviation.

Il a paru de même utile d'indiquer quelques précautions à prendre, de donner quelques conseils. qui peuvent être nécessaires aux nouveaux arrivants dans un pays où la panne peut survenir au dessus d'une contrée déserte. sans liaison facile, laissant l'équipage livré à ses seules ressources pendant quelquefois plusieurs jours.

Ces données acquises par une longue pratique du vol dans le pays, ont fait l'objet de la part du Commandement de l'Aéronautique de prescriptions spéciales qui s'adressent aux seuls pilotes militaires. l'Indochine n'étant actuellement survolée que par eux ; mais elles seront tout aussi utiles en tant que conseils aux aviateurs civils qui peuvent dans un temps que nous espérons proche venir organiser dans la pays des lignes de transport ou des voyages de grand tourisme ; ils trouveront ainsi le terrain préparé. et bénéficieront de l'expérience patiemment acquise par le personnel de l'Aviation militaire coloniale.

Aperçu Géographique sur l'Indochine Climatologie

L'Indochine bordée par la mer, la Chine et le Siam est constituée d'une manière générale par deux régions de superficie considérable Tonkin et Haut-Laos d'une part, Cochinchine et Cambodge d'autre part, réunies par une mince bande serrée entre la mer et le Mékhong.

L'examen d'une carte nous montre à première vue, l'existence :

1°) — D'un système montagneux très développé couvrant la plus grande partie du pays (Haut Tonkin, Laos, une partie de l'Annam).

2°) — De zônes absolument plates constituées par les Deltas du Fleuve Rouge (Tonkin) et du Mékhong (Cochinchine), d'une altitude supérieure de quelques mètres à peine au niveau de la mer et fréquemment inondées.

2°) — Enfin d'une zône intermédiaire (plateaux) constituée par d'anciens massifs usés par l'action des agents atmosphériques. Tels sont les plateaux du Tranninh, des Bolovens. Cette 3° zône a moins d'importance que les 2 précédentes.

1°) — ZONE MONTAGNEUSE.

Du massif du Yunnan, qui lui-même se rattache au plateau du Thibet, se détache une chaîne dont deux ramifications s'épanouissent l'une à l'Est, l'autre au Sud-Est, séparées entre elles par le Fleuve Rouge.

Le groupe de l'Est qui s'étend de Laokay au golfe du Tonkin constitue un massif composé de montagnes et de collines élevées (altitude entre 1.000 et 1.500 ; point culminant, le Kieu-Léou-Ti 2.400ᵐ), séparées entre elles par des vallées étroites, sortes de couloirs aux flancs escarpés et abrupts où coulent les affluents du Fleuve Rouge, et tout à fait dans l'Est, le Song-Ky-Cong, qui déverse ses eaux dans le Si-Kiang, fleuve Chinois.

Il importe de signaler sur toute cette région la présence fréquente de massifs rocheux calcaires à sommets en dents de scie, à flancs verticaux sur lesquels peuvent seuls vivre quelques maigres arbustes ; les rochers de la Baie d'Ha-Long sont la dernière manifestation, sur la mer, de ces massifs calcaires.

Dans cette zône qui constitue toute la haute et la moyenne région du Tonkin, l'existence de terrains susceptibles d'être aménagés en champs d'atterrissage est excessivement rare. L'avion doit pour atterrir s'engager dans des gorges profondes où, ballotté par des remous violents, il ne trouve la plupart du temps qu'un terrain de dimensions insuffisantes.

Le groupe de l'Ouest couvre tout le territoire du Haut-Laos et de la partie Ouest du Haut-Tonkin avec des sommets très élevés dont le Fan-Si-Pan est le point culminant (3143) et qui offre encore non loin de Vientiane des points qui atteignent 3.000 (Pou-Bia).

La Chaîne Annamitique constitue la plus puissante ramification de ce système. Elle s'étend dans une direction générale Nord-Sud sur une longueur de 1400 kilomètres poussant ses derniers contreforts jusqu'en Cochinchine. Cette chaîne, dont la hauteur des sommets varie entre 1000 et 2700 (Sai-Lai-Long près de Cua-Rao) présente une barrière difficilement franchissable entre le Laos et l'Annam ; les cols de Keo-Neua, de Mu-Gia et de Mai-Lanh sont les meilleurs passages pour aller d'un pays à l'autre.

Sur toute cette zône, de place en place existent également des massifs calcaires analogues à ceux rencontrés dans le groupe de l'Est.

On ne saurait trop insister sur l'importance de la Chaîne Annamitique au point de vue aéronautique ; obstacle sérieux en lui-même ne ménageant pas sur ses pentes abruptes ou ses vallées profondes de terrains d'atterrissage convenables, elle est encore rendue plus difficile à traverser à cause des nuages qui couvrent la plupart du temps ses sommets, ne livrant pas passage aux avions ; il sera reparlé de cette question plus loin.

2°) — DELTAS.

La désagrégation par les agents atmosphériques de ces systèmes montagneux de formation granitique et schisteuse a provoqué la formation des Deltas.

Les Deltas du Tonkin (constitué par les apports du Fleuve Rouge) et de la Cochinchine et Cambodge (apports du Mékhong), sont des régions uniformément plates inondées en grande partie pendant la saison des pluies.

Couvertes généralement de rizières, elles sont peu propres à l'aménagement de terrains d'atterrissage.

3°) — ZONE DES PLATEAUX

Peu nombreux, ces plateaux offrent cependant des ressources précieuses à l'Aviation, ménageant des surfaces planes au milieu du chaos des montagnes ; c'est ainsi que le plateau du Tranninh comporte de vastes étendues couvertes d'herbe courte, sans arbres réalisant le terrain d'atterrissage naturel ; il en est de même sur les Bolovens et en plus petit à Na-Kai, Ban-Mé-Thuot etc... etc...

HYDROGRAPHIE

Ce qui frappe, à première vue, en Indochine. c'est la richesse du réseau hydrographique, constitué d'une part, par le Fleuve Rouge et ses affluents (Rivière Claire, Rivière Noire) d'autre part par l'immense Mékhong dont le cours en Indochine atteint un développement de 2000 kilomètres, traversant successivement le Laos et le Cambodge pour venir aboutir en Cochinchine. Ces cours d'eau sur lesquels la navigation fluviale présente, dans leurs cours moyens des inconvénients par suite de l'existence de rapides, se prêtent au contraire merveilleusement à l'utilisation des hydravions, réduisant au minimum les chances d'accident pour ces appareils qui trouvent tout le long de leur parcours un champ d'amerrissage parfait.

Par contre. dans les hautes régions, la faible largeur des cours d'eau se prête généralement mal à l'amerrissage : l'avion devient alors plus pratique, ayant des qualités de vol supérieures.

Enfin, il importe de signaler que la côte d'Annam avec ses baies et criques bien abritées. ses lagunes, offre une voie très facile aux hydravions de tout type.

CONDITIONS ATMOSPHERIQUES

1°) — TEMPÉRATURE.

L'Indochine est un pays tropical jouissant d'un climat chaud et humide dont l'action sur les organes des appareils (en particulier bois et voilures) est susceptible d'engendrer une détérioration rapide. La température varie d'ailleurs suivant les régions ; alors que dans le Sud (Cochinchine et Cambodge) elle est toute l'année élevée et peu variable (voisine de 28°) au Nord au contraire (Tonkin) on enregistre entre la saison d'hiver et la saison d'été une différence de 15 degrés en moyenne avec des extrêmes dans les deux sens qui rendent souvent le climat fatigant.

Le Laos et l'Annam participent de ces deux extrêmes.

La température varie avec l'altitude et le changement peut surprendre les aviateurs partis pour un long voyage ; alors qu'on étouffe à terre, il faut la fourrure à 4000.

Une moyenne d'observations au Tonkin au début de l'hiver donne :

au sol	30°
à 1.000	25°
à 2.000	20°
à 3.000	15°5
à 4.000	9°

2°) — VENTS

Leur régime est caractérisé en Indochine par des vents réguliers appelés moussons qui, d'Octobre à Mai, soufflent du Nord-Est au Sud-Ouest et dans le sens inverse pendant l'autre saison. Cette régularité permet une prévision facile du temps.

Il importe de signaler quelques vents locaux comme celui improprement appelé vent du Laos (il ne souffle pas au Laos) qui souffle de Mai à Septembre sur la côte d'Annam entre Thanh-Hoa et Quang-Tri ; ce vent sec et brûlant peut atteindre 15 mètres à la seconde et souffle avec une certaine régularité de 10 à 16 heures ; il a été observé jusqu'à une altitude supérieure à 2500 mètres.

A signaler également pendant la saison des pluies, l'existence de typhons qui renversent tout sur leur passage mais dont la marche est suivie et annoncée à l'avance ; cette perturbation atmosphérique, à laquelle la côte d'Annam est particulièrement exposée, gâte le temps pendant plusieurs jours : elle n'est pas dangereuse pour l'aviateur prévenu qui peut facilement éviter de se placer sur sa marche.

En altitude, la direction des vents change peu, grâce à la régularité du régime des moussons ; l'intensité varie seule.

3°) — PLUIES

Là encore, l'influence de la Chaine Annamitique est prépondérante ; elle forme tout le long du pays une barrière Nord-Sud où viennent se heurter les nuages.

Pendant la mousson d'hiver, c'est-à-dire vent soufflant du Nord-Est, d'intensité moyenne, cette barrière arrête les nuages, d'où précipitations sur le versant Est alors que de l'autre côté de la Chaîne, c'est le beau climat sec du Laos sans trouble notable pendant toute la saison d'hiver ; sur tout le Tonkin et le Nord Annam, les précipitations de cette période prennent souvent la forme d'une pluie fine appelée crachin, particulièrement gênante pour les aviateurs. C'est, au même moment, la belle saison en Cochinchine.

Au contraire, la grande mousson d'été (vent du Sud-Ouest) couvre l'Indochine de pluies, mais par suite de la présence de la chaîne Annamitique, les précipitations, sous forme de grandes pluies tropicales, sont plus fortes et plus continues sur le versant Ouest que sur le versant Est.

Enfin, aux changements de mousson, correspondent des périodes de proportions moyennes de pluie et de beaux temps donnant des facilités particulières pour le survol de l'Indochine.

La moyenne des précipitations annuelles en Indochine se chiffre par 1800 m/m.

En France, la moyenne est de 825 m/m.

4°) — REMOUS.

Les remous de toutes sortes ne sont pas plus forts qu'en France ; le vol peut se faire à toute heure du jour, en toute saison.

En résumé, l'obstacle de la Chaîne Annamitique, déjà sérieux au point de vue géographique, l'est plus encore au point de vue météorologique ; s'il fait beau, d'un côté de la Chaîne, il fait généralement mauvais de l'autre, et réciproquement ; si l'on se cantonne soit dans la région Ouest de la Chaîne, soit dans la région Est, l'avion (ou l'hydravion) pourra toujours entreprendre des vols réguliers.

Au point de vue photographique, le ciel étant très rarement clair en Indochine, le nombre de jours propices à la photographie aérienne est très restreint.

DÉCLINAISON MAGNETIQUE

La déclinaison peut être considérée comme pratiquement nulle en Indochine.

A titre d'indication, voici d'après une étude particulière de l'un des Officiers du Service Géographique (étude basée sur des observations de diverses origines, s'étendant sur une vingtaine d'années), les *valeurs probables* de la déclinaison, en différents points de la péninsule Indochinoise, à la date du 1ᵉʳ *Janvier 1922*.

HANOI.	0° 20' Est.
HAIPHONG	0° 7' Ouest.
TOURANE.	0° 7' Ouest.
SAIGON	0° 33' Est.
Région NAPE - PAK HIN BOUN	0° 31' Est.
Région de SAVANNAKHET	0° 39' Est.
Région de SONLA.	0° 15' Ouest.
Région de NAM-DINH	*NULLE*
MONGTZEU (Yunnan).	0° 18' Ouest.
Région de BANGKOK (Siam)	0° 10' Ouest.

Voies Aériennes. — Classification des Terrains

Les liaisons principales à assurer par voie aérienne sont :

Hanoi-Saigon, soit par la côte, soit par le Mékhong.

Saigon - Pnom-Phenh - Battambang,

A ce réseau se rattache un certain nombre d'autres lignes secondaires mettant Hanoi en communication avec la frontière de Chine, avec le Haut-Laos et Saigon avec le Sud de la Cochinchine. Ajouter à ce système quelques terrains régionaux ne faisant pas partie d'une ligne.

Il n'y a pas lieu de parler, pour le moment, de lignes internationales ; la Chine n'a. pas d'aviation et entre le Siam très développé au point de vue aéronautique et l'Indochine, aucun trafic régulier n'est encore envisagé. Retenons cependant que les Siamois ont internationalisé une partie de leur grand aérodrome militaire de Don Muang (25 kilomètres Nord de Bangkok) et ont admis que le terrain d'Oubone pourrait l'être de même, en cas de besoin.

Le choix de ce dernier terrain, imposé aux Siamois par la richesse de la vallée de la Semoune n'est pas très favorable à l'échange de relations aériennes entre l'Indochine et le Siam ; en effet il donne sur une région indochinoise relativement peu riche et de communications difficiles avec la mer ; la distance entre le Mékhong et Tourane est à cet endroit de 280 kilomètres et le point de Tourane n'a pas d'intérêt ; le parcours de la seule ligne internationale à travers l'Indochine est celui qui, de Vientiane ou Thakhek franchirait la Chaîne Annamitique à Napé, survolerait Vinh puis Hanoi ou Haiphong et entrerait en Chine à Moncay.

C'est donc à Vientiane ou à Thakhek que devrait venir aboutir le tronçon siamois de la ligne internationale Europe-Chine par les Indes, ligne qui n'est pas en organisation actuellement mais à laquelle on peut dès maintenant songer.

Aucune mesure douanière n'a encore été prise au sujet des denrées importées par avion ; aucun avion ne fait en effet ce service.

L'ordre suivi pour la nomenclature des terrains d'atterrissage sera donc le suivant ;

Ligne Hanoi-Saigon par la côte.

Ligne Hanoi-Saigon par le Mékhong.

Ligne Saigon-Sïsophon.

Ligne du Mékhong.

Ligne Hanoi-Laokay.

Ligne Hanoi-Lang-Son.

Ligne Hanoi-Hagiang.

Ligne Hanoi-Muong-Sing.

Terrains régionaux non rattachés à une ligne Tonkin, Annam, Laos.

Ligne Saigon-Budop.

Ligne Saigon-Bac-Liê

Ligne Saigon-Cap Saint-Jacques.

Terrains régionaux : Cochinchine et Cambodge.

Chaque ligne sera considérée au point de vue des terrains pour avions d'abord, puis au point de vue des bases d'hydravions.

En ce qui concerne la valeur des installations, des ressources de chaque terrain, on s'est conformé aux récentes indications ministérielles distinguant :

les aérogares,

les aérohaltes,

les terrains de secours

mais, en Indochine il y aura lieu de donner le sens suivant à ces différentes dénominations :

Aérogare : terrain occupé de façon permanente avec magasins et ateliers.

Aérohalte : terrain non occupé, simplement gardé, mais susceptible d'une installation plus complète déjà commencée ou non en vertu de l'intérêt présenté.

Terrain de secours : terrain simplement gardé.

Consignes concernant les terrains :

Les terrains d'atterrissage d'Indochine portent un anneau central blanc et des équerres aux angles ou des éléments de droite indiquant la direction des côtés, définissant ainsi la forme générale du terrain. Les obstacles sur le terrain sont marqués par des croix blanches.

Les terrains sont tous gardés par un indigène dont les consignes sont :

Entretenir le terrain et les signaux.

Allumer un feu à fumée épaisse dès qu'un avion est en vue.

Faire dégager le terrain, s'il y a lieu, au moment de l'atterrissage.

Se mettre à la disposition du pilote atterrissant.

Sur les bases d'amerrissage où existe un hangar, il y a également un gardien qui allume un feu sur la berge au passage d'un appareil; quand la base ne comporte pas de hangar, il n'y a pas de gardien.

Les hangars en usage en Indochine sont en grande majorité des abris légers destiné à abriter des avions de 15^{m}50 ou moins d'envergure, de 9 mètres ou moins de profondeur (Dimensions approchées de Breguet 14 A-2).

Les aérogares de Bach-Mai et de Bien-Hoa comportent seules des hangars américain de 20 sur 30.

— III —

Renseignements Météorologiques
Radiotélégraphie

En fait de service météorologique, l'Indochine possède les renseignements quotidiens donnés par l'Observatoire de Phu-Liên et les sondages aériens des escadrilles de Bach-Mai et de Bien-Hoa ; c'est peu.

La transmission de ces renseignements est d'ailleurs longue et met dans l'obligation un pilote qui veut faire un voyage de demander lui-même aux autorités des provinces survolées les renseignements dont il a besoin.

Ces renseignements parviennent soit par télégramme ordinaire, soit par T. S. F. (13 postes en Indochine).

Mais le caractère des données dont a besoin le pilote n'est pas forcément connu des fonctionnaires ; d'autre part, les autorités Européennes sont rares, et les points où des renseignements sont demandés peuvent n'être occupés, comme plus haute autorité indigène sachant lire et écrire le français que par le receveur télégraphiste : on ne saurait demander à ces employés la rédaction concise et complète qui pourra renseigner le pilote. Il en résulte que les renseignements reçus menacent d'être fort imprécis.

Pour ces raisons, la Circulaire suivante qui permet d'obtenir des renseignements approchés envisageant tout élément nécessaire et permettant l'expédition sous une forme simple et expéditive a été lancée ; elle est connue de tous ceux qui peuvent avoir à transmettre des renseignements de ce genre.

CIRCULAIRE N° 30 en date du 30 Mars 1921 du Gouverneur Général de l'Indochine.

Le Gouverneur Général p. i. de l'Indochine à Messieurs les Chefs d'Administration locale.

« L'exécution des derniers voyages aériens a démontré toute l'importance que prend « pour le Service de l'Aviation la collaboration du Service des Postes et Télégraphes dans « la transmission des renseignements météorologiques.

« En conséquence, a été étudié un code qui permettrait de transmettre en quelques « lettres ou chiffres les renseignements météorologiques nécessaires au Service de l'Aviation « et qui devra être désormais employé à l'exclusion de tout autre ».

CODE

Les renseignements atmosphériques demandés par l'Aéronautique seront envoyés en lettres et en chiffres envisageant l'état du ciel sous les formes suivantes :

1°) — Les nuages . . . . N

2°) — L'épaisseur de la couche de nuages . . . . E

3°) — La brume . . . . B

4°) — La pluie . . . . P

5°) — Le vent V

Chaque élément figurera obligatoirement sur le télégramme dans l'ordre donné et sera accompagné d'un chiffre indiquant l'intensité de l'élément atmosphérique considéré ; le 5° (V) sera en plus accompagné de lettres indiquant la direction du vent.

TABLEAU

1°) — **N** (Nuages).

0 — Ciel bleu sans nuages.
1 — Ciel couvert du quart par nuages élevés.
2 — Ciel couvert de moitié par nuages élevés.
3 — Ciel couvert des 3 quarts par nuages élevés.
4 — Ciel couvert en totalité de nuages élevés.
5 — Ciel couvert du quart par nuages bas.
6 — Ciel couvert de moitié par nuages bas
7 — Ciel couvert des 3 quarts par nuages bas.
8 — Ciel couvert en entier de nuages bas.

2°) — **E** (Epaisseur de la couche de nuages).

0 — Ciel libre.
1 — Faible épaisseur nuages réguliers laissant passer quelques rayons du soleil.
2 - Couche régulière nuages en partie grise ou en partie claire.
3 — Prédominance de nuages gris.
4 — Nuages noirs et épais plafond inégal.
5 — Nuages d'orages inégaux et de teintes contrastées.

3°) — **B** (Brume)

0 - Pas de brume temps clair.
1 — Brume légère peu gênante.
2 — Brume assez épaisse limitant visibilité.
3 — Brume matinale ayant tendance à se dissiper.
4 — Brume matinale ayant tendance à s'épaissir.
5 — Brouillard compact.

4°) - **P** (Pluie)

0 — Pas de pluie ni crachin.
1 — Crachin.
2 — Averse localisée
3 — Pluie généralisée.
4 — Orage ou typhon.

5°) · **V** (Vent).

0 — Vent nul.
1 — Vent faible.
2 — Vent moyennement fort.
3 — Vent fort.
4 — Vent de typhon.

Compléter l'indication du vent par sa direction.

       N — Vent venant du Nord.
      NO — Vent venant   Nord-Ouest.
       O — Vent venant   Ouest.
      SO — Vent venant   Sud-Ouest.
       S — Vent venant   Sud.
      SE — Vent venant   Sud-Est.
       E — Vent venant   Est.
      NE — Vent venant   Nord-Est.

Un message aurait donc la forme suivante :

$$N\,8 \quad E\,1 \quad B\,1 \quad P\,0 \quad V\,1\,NE$$

Traduction :

Ciel couvert en entier de nuages bas de faible épaisseur laissant passer quelques rayons de soleil ; brume légère peu gênante vent faible venant du Nord-Est.

$$N\,3 \quad E\,4 \quad B\,0 \quad P\,2 \quad V\,30$$

Traduction :

Ciel couvert des trois quarts par nuages élevés noirs offrant un plafond inégal averse localisée vent fort venant de l'Ouest.

Il est rappelé qu'il faut pour la clarté du télégramme et s'il y a lieu pour le redressement des erreurs à la réception, que toutes les lettres (N. E. B. P. V.) soient citées.

Par délégation :
Le Secrétaire Général
du Gouvernement Général de l'Indochine,
Signé : René ROBIN.

RADIOTÉLÉGRAPHIE

Les postes avec lesquels peuvent correspondre les appareils munis de radiotélégraphie sont les suivants :

Ile Phu-Quoc.	Indicatif	F.P.C.
Mytho	id	F.C.A.
Tourane	id	F.L.T.
Fort Bayard	id	F.W.A.
Kien-An	id	F.K.A.
Hanoi	id	F.A.O.
Ile Cat-Ba.	id	F.C.B.
Moncay.	id	F.M.Y.

Ces postes font normalement l'écoute sur 600 mètres de longueur d'onde.

— IV —

QUELQUES CONSEILS

Les difficultés rencontrées dans la pratique du vol en Indochine, par comparaison avec le vol dans la Métropole, tiennent du nombre des points d'atterrissage (puisqu'on peut admettre qu'il n'existe pas, sauf quelques exceptions, de terrains naturels d'atterrissage dans le pays), et de la rareté des renseignements météorologiques.

Le développement progressif des voies aériennes, la création de postes météorologiques et surtout la transmission rapide des renseignements obtenus tendront à diminuer ces difficultés. C'est là une question d'organisation.; nous n'en parlerons pas.

Mais ce qu'il paraît nécessaire de donner, c'est un certain nombre de conseils, une rapide énumération de diverses remarques faites au cours des vols au dessus du pays et qu'il est utile de connaître pour mettre toutes les chances de son côté.

A. — ÉQUIPEMENT DES AVIONS

L'Indochine est par endroits surpeuplée, mais immenses sont les étendues sans population ou presque où s'ajoute la difficulté d'un pays très accidenté, à montagnes élevées, à vallées encaissées et couvert de brousse ou de forêt.

Il peut fort bien arriver qu'un avion atterrisse loin de tout secours et ne soit pas vu.

Il faut donc, si l'on veut survoler ces régions, emporter en outre de l'outillage nécessaire à l'avion :

Des vivres, en boites de conserves.

Du campement, pour faire cuire les vivres, s'abriter des moustiques et se couvrir.

Des médicaments pour le cas de maladie ou de blessure.

Un armement, aussi bien contre les bêtes que contre les hommes.

Les Indigènes d'Indochine sont de nature pacifique ; il vaut mieux cependant être armé ; l'armement contre les bêtes peut être utile pour la chasse si l'on a plusieurs jours à vivre sans secours et aussi contre les félins qui abondent et peuvent être dangereux.

Des boussoles de poche et des cordes.

Quelques effets personnels de rechange.

ATTERRISSAGE

Nous ne parlons que de l'atterrissage. en panne, en dehors d'un terrain organisé.

S'il faut se poser, le faire en se préoccupant d'abord, bien entendu, du terrain paraissant offrir le maximum de chances de bon atterrissage, ensuite, autant qu'il est possible, des voies d'accès à ce terrain et des moyens de dépannage qu'il semble présenter (Habitations proches, postes de Douane constitués par des Maisons blanches tout le long de la côte, cours d'eau navigable, voie ferrée etc...).

Un appareil en panne, avec peu de dégâts, dans un endroit d'accès impossible est perdu.

Un appareil très abimé en panne dans un endroit de dépannage facile, est généralement sauvé.

L'équipage (en admettant que personne n'est blessé, cas général) doit avoir avant tout deux préoccupations :

1°) — **Prévenir** les centres d'Aviation ou les autorités provinciales.

2°) — **Abriter son matériel** et le faire garder.

Cette garde devra être régulière et responsable, il n'est pas toujours commode de l'obtenir dans les endroits perdus : la présentation d'une carte de pilote rédigée en diverses langues locales et délivrée à tout pilote d'avion en Indochine, permet dans certains cas de se débrouiller, mais pas toujours. La population, très curieuse de l'avion quand il touche terre, devient rapidement indifférente : il faut s'adresser à une autorité indigène locale et savoir exiger, mais sans colère et sans menace.

Encore faut-il pouvoir se faire comprendre par quelque moyen que ce soit, et ne pas croire, si votre interlocuteur paraît ne pas comprendre, qu'il le fait exprès.

Ne pas croire, en tout cas, que la population est hostile ; elle ignore vos véritables besoins, tout simplement : au Laos, à un pilote en panne loin de tout poste européen, les Laotiens et Laotiennes ont apporté des fleurs, mais rien à manger.

Les principales autorités indigènes rencontrées ailleurs que dans les Chefs-lieux de province sont :

Au Tonkin en Annam
  Le Quan-Huyên (sait généralement parler français).
  Le Chanh-Tong (Chef de canton)
  Le Ly-Truong (Maire, un par village)

En Cochinchine.
  Le Quan-Huyên,
  Le Cai-Tông.
  Le Xa-Truong.

Au Laos
  Le Tiao Muong.
  Le Tasseng.
  Le Phobane.

Au Cambodge
  Le Chaufaikhe).
  Le Mékhum.

Ressources locales. — Moyens de dépannage et de réparation

C'est au Résident de la Province que toute demande de secours doit être adressée, à moins qu'on ne soit dans les environs immédiats d'un centre d'aviation occupé.

Le Résident seul possède le pouvoir de mobiliser le personnel et le matériel nécessaires au dépannage.

En dehors des grands centres, munis de tout ce qu'il faut, chaque province possède un atelier des Travaux publics plus ou moins bien monté avec des ateliers à bois, forge, perceuse, palans, chaînes etc...

Si l'on est loin de tout, l'utilisation très variée du bambou permettra dans beaucoup de cas de remplacer les moyens normaux de dépannage.

Entre les mains habiles des indigènes, il peut être utilisé à nombre d'usages : on en fait des poutres, des abris, des madriers de transport, des cloisons, il remplace la corde, il peut même servir de cruche à eau, de marmite à riz, se mange même (la pousse), sert à faire des radeaux très résistants etc... etc...

Il est bon de savoir, sur ce dernier point que 50 bambous ayant 4 mètres de long et 0.10 à 0.12 de diamètre, peut soulever hors de l'eau le poids d'une tonne.

L'outil indispensable pour se servir du bambou est le coupe-coupe.

Il n'est pas donné des conseils médicaux ; il est cependant nécessaire de signaler que les principaux ennemis rencontrés dans la brousse sont la chaleur humide. qui sous les forêts donne la fièvre. les moustiques, les sangsues ; a un degré beaucoup moindre, les serpents et les fauves.

Se méfier aussi de l'eau de boisson puisée au hasard de la route dans des ruisseaux d'apparence limpide.

Cartes. — L'Indochine n'est pas uniformément levée en cartes régulières, la carte au 1/100.000 entreprise sur tout le territoire ne couvre actuellement que le Tonkin, le Nord-Annam et une faible partie de la Cochinchine. Cette carte est d'ailleurs à trop grande échelle pour l'Aéronautique ; il est bien préférable de se servir du 1/500.000, obtenu soit par réduction. de la carte régulière, soit par l'assemblage de levés irréguliers ; elle est alors beaucoup moins exacte mais, même ainsi, rend de grands services à l'Aéronautique ; malheureusement quelques feuilles manquent ; dans ce cas, il faut se contenter du 1/1.000.000 — La rareté des détails planimétriques. sur presque toute l'étendue du pays, permet l'emploi de ces petites échelles ; la confusion n'est pas à craindre.

— V —

DESCRIPTION DÉTAILLÉE

des

Voies Aériennes

———⸎———

1º — LIGNE HANOI - SAIGON

par la Côte

LISTE DES TERRAINS :

BACH-MAI	QUANG-NGAI
NAM-DINH	QUI-NHON
THANH-HOA	TUY-HOA
VINH	GIA
HA-TINH	NHA-TRANG
Concession COUDOUX	PHAN-RANG
DONG-HOI	PHAN-THIÊT
Kilomètre 107	BIÊN-HOA
QUANG-TRI	SAIGON (Phu-Tho)
HUÉ	

Distance de Hanoi à Saigon
par la côte : 1.525 kilomètres.

ASPECT GÉNÉRAL DU PARCOURS

Ligne Hanoi-Saigon
par la Côte.

ASPECT GÉNÉRAL

D'Hanoi la ligne suit le Fleuve Rouge jusqu'à Nam-Dinh. La campagne, extrêmement plate, est couverte d'un réseau de diguettes hautes de 0^{m}25 à 0^{m}40, larges d'autant, découpant le terrain en petits carrés ou rectangles dont les côtés dépassent rarement 40 mètres au Tonkin et qui sont quelquefois fort petits; il y a même des parcelles de 3^m sur 3^m; toutes ces petites surfaces sont les rizières, sèches ou inondées suivant la saison et rigoureusement horizontales l'existence des diguettes ne permet guère, malheureusement, d'y atterrir sans capotage.

Le Fleuve au contraire offre en saison sèche, du moins, des bancs de sable ferme, souvent inégal, mais qui sont assez étendus pour permettre à un appareil d'y tenter l'atterrissage; en certains endroits, sur une largeur variable le long de la rive, des terrains d'alluvions descendent en pente douce sur le fleuve; cultivés de maïs, de patates, de murier etc... ils n'ont pas de diguettes et, les inégalités étant supprimées par la culture, constituent ce qu'il y a de mieux pour un atterrissage de fortune.

En saison des pluies, tout cela est couvert; il n'y a plus ni banc de sable ni terrains alluvionnaires; le fleuve est alors réservé aux hydravions et l'avion n'a plus de ressources qu'en les terrains organisés.

Aux environs de Nam-Dinh, la ligne quitte le Fleuve et se dirige vers la mer au point où viennent mourir les montagnes calcaires séparant le Tonkin de l'Annam; les rizières sont là plus basses encore; elles sont couvertes d'eau une grande partie de l'année; on survole Phat-Diêm et ses cultures en parcelles allongées gagnant peu à peu sur la mer.

Un changement de temps est à prévoir à la frontière d'Annam.

De ce point, la ligne suit comme direction générale la côte d'Annam d'un bout à l'autre.

En beaucoup d'endroits, des plages de largeur variable offrent des terrains de secours assez incertains mais meilleurs que les rizières; de loin en loin les montagnes viennent jusque sur la mer découpant le pays d'Annam en une série de compartiments de culture et de nature différentes.

Il n'est pas rare en outre pour l'avion volant dans ces parages de trouver en passant d'un de ces compartiments à l'autre, un changement de temps inattendu.

Ce qu'il faut en déduire, c'est l'utilité, au cours d'un voyage le long de cette côte, de s'entourer avant le départ, de renseignements météorologiques obtenus d'un centre de chacun de ces compartiments.

Les principaux d'entre eux sont:

Le Thanh-Hoa, le Nghê-An et le Hatinh.

Le Dong-Hoi et la région de Huê, séparés de la région précédente par les montagnes de la Porte d'Annam.

Tourane, le Quang-Nam séparés du Nord par la montagne du Col des Nuages.

Le Quang-Ngai.

Le Bong-Son, où commencent les Cocotiers.

A partir de cet endroit, les montagnes sont très proches de la mer, et déchiquètent la côte en de multiples anses ou baies bien abritées, réduisant la dimension des différents comparti- ments, qui ne sont plus guère représentés que par les vallées plus ou moins larges des rivières descendues de la Chaîne Annamitique.

Dans la région du Cap Varella, ces caractères sont particulièrement accusés. Le passage du Cap de ce nom est un des endroits les plus pittoresques d'Indochine.

Plus au Sud enfin, les régions de Cam-Ranh, de Phan-Rang et de Phan-Thiêt forment les 3 derniers compartiments et jouissent d'un climat particulièrement sec.

Sur toute cette côte d'Annam, la ligne des terrains d'atterrissage ne suit pas exactement la côte mais plutôt la grande route coloniale un peu dans l'intérieur des terres; sauf dans le Nord, où la nature du sol rappelle encore celle du Tonkin, il est plus aisé de trouver là des terrains faciles à organiser; il en existe même comme à Huê qui n'ont pas nécessité le moindre travail, cela est dû à la présence de grandes landes sablonneuses, impropres à la culture et où ne pousse seulement qu'une herbe maigre ou de petits buissons dont le seul intérêt est de donner de la consistance au terrain.

Il s'ensuit que l'Annam est beaucoup plus riche en terrains d'atterrissage que le Tonkin, ce qui rend plus sûr le voyage aérien au dessus de ce pays.

D'autre part dans les innombrables criques de la côte, dans les étangs, dans les lagunes, l'hydravion, même de haute mer trouve aussi de quoi effectuer un voyage en toute sécurité.

La frontière de Cochinchine est passée au dessus de la grande forêt qui rend si précaires, même maintenant, les communications entre ce pays et l'Annam.

Le pays n'est pas peuplé; ce n'est qu'en arrivant vers Xuân-Loc qu'on trouve enfin la culture sous forme de plantations de caoutchouc et qu'on peut suivre les bonnes routes qui sillonnent la Cochinchine.

Aucun terrain n'a encore pu être organisé entre Phan-Thiêt et Biên-Hoa; il y a là 130 kilo- mètres de pays désert qui constituent les plus mauvais de tout le parcours.

De Biên-Hoa à Saigon, rizières et petits plateaux. Ici les rizières sont plus vastes; il n'est pas rares d'en voir de plus de 100 mètres de côté; en saison sèche, elles peuvent être utilisées avec moins de crainte qu'au Tonkin pour un atterrissage forcé.

Terrain de BACH-MAI (près Hanoi)

(Aéro-Gare)
Province de Hadong (Tonkin)

I.— POSITION.

a) **Position régionale :** Terrain d'atterrissage situé à 5 kilom. au S. d'Hanoi (à proximité de la station de T.S.F.)

b) **Repères avoisinants :** Hanoi — Station de T.S.F. Bâtiments de l'Aéro-Gare.

c) **Environs :** Rizières.

d) **Terrain lui-même :** Bon terrain, bien dégagé, très plat, rectangle arrondi sur 3 angles — Dimensions 510×400 — Inondé en partie pendant la saison des pluies.

e) **Obstacles :** Au S.E. station de T.S.F. (Pylônes très visibles) à 500 m. à l'E. bâtiments de l'Aéro-Gare.

f) **Cartes utilisables :** Cartes régulières de la région au 1/100.000ᵉ et au 1/500.000ᵉ

II.— INSTALLATION — RESSOURCES DE DÉPANNAGE.

a) **Hangar :** 2 Hangars américains 20×30 — 2 hangars 15×12.

b) **Dépôt de matériel :** Dépôt important.

c) **Dépôt de combustibles :** Dépôt de combustibles à Bach-Mai.

d) **Eau :** A proximité immédiate.

e) **Ateliers de réparation locaux :** Atelier d'Escadrille effectue toutes réparations.

f) **Logement pour le personnel :** Hôtels nombreux à Hanoi.

III.— COMMUNICATIONS.

a) **Routes existantes :** En bordure N. du centre de Bach-Mai.

b) **Voie ferrée :** Ligne Hanoi-Vinh à 600 m. Gare à Hanoi.

c) **Voie fluviale utilisable pour le transport :** Fleuve Rouge à Hanoi (Chaloupes et sampans).

d) **Ressources locales :** Toutes ressources.

e) **Liaisons :** P.T.T. à Hanoi Station Centrale de T.S.F. Poste de T.S.F. militaire au Centre même.

f) **Renseignements divers :** Résident Chef de Province à Hadong s'adresser au Capitaine Cdt le Centre de Bach-Mai (Téléphone n° 260).
Direction de l'Aéronautique d'Indochine à Hanoi (Téléphone n° 261).

Hanoï
Thai Ha Ap
Vers Hadong
Terrain
Poste T.S.F.
Bach Mai
TERRAIN DE BACH-MAI
Echelle au 1:100.000e
Position du Terrain
N

N
TERRAIN DE BACH-MAI
Echelle au 1:10.000e
Plan du Terrain
Bâtiments de l'Aviation
Hangars
Fours à brique
400 m.
510 m
Limite de la zone facilement inondée

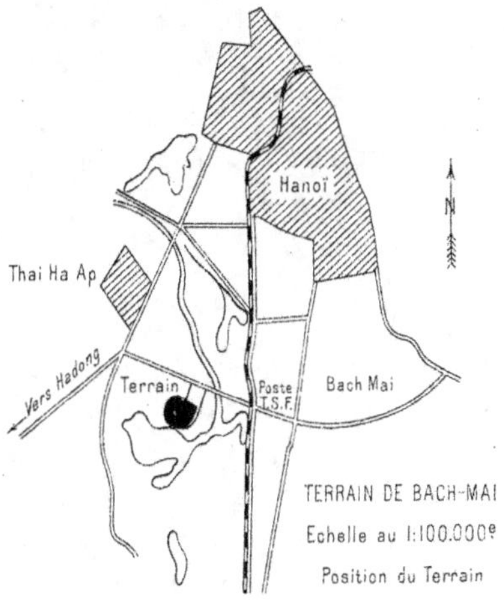

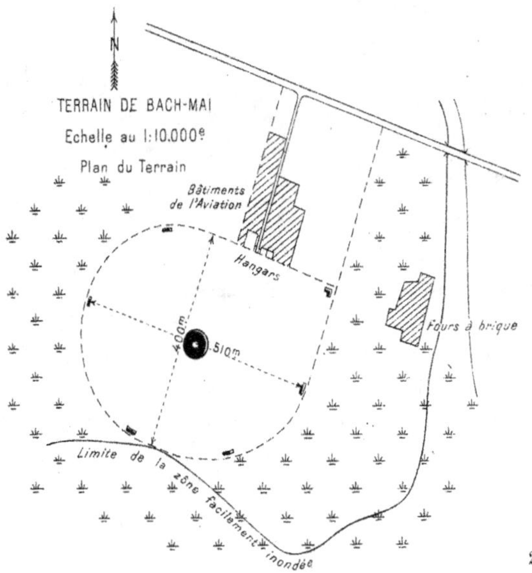

23.

Terrain de **NAM-DINH**

(Terrain de secours)

Province de Nam-Dinh

I. — POSITION.

a) **Position régionale** : Terrain d'atterrissage situé à proximité de la gare de Nam-Dinh.

b) **Repères avoisinants** : Ville de Nam-Dinh — Voie ferrée.

c) **Environs** : Rizières.

d) **Terrain lui-même** : Terrain de forme à peu près rectangulaire de dimensions de 348×200 — Rarement inondé.

e) **Obstacles** : (en lisière) côté E. Gare de Nam-Dinh et ligne de bambous.
Côté E. Route surélevée de 40 c/m par rapport au terrain.
Côté O. Constructions.

f) **Cartes utilisables** : Cartes régulières au 1/100.000e et au 1/500.000e.

II. — INSTALLATION — RESSOURCES DE DÉPANNAGE.

a) **Hangar** : Un hangar léger pouvant contenir un appareil Bréguet 14 A2.

b) **Dépôt de matériel** : Néant.

c) **Dépôt de combustibles** : Dépôt de la Franco-Asiatique à Nam-Dinh.

d) **Eau** : A proximité (Gare)

e) **Ateliers de réparation locaux** : Ateliers des Travaux Publics, usines diverses.

f) **Logement pour le personnel** : Hôtel à Nam-Dinh.

III. — COMMUNICATIONS.

a) **Routes existantes** : En bordure du terrain — Toutes directions.

b) **Voie ferrée** : (Hanoi-Vinh) En bordure du terrain — Gare à 50 m.

c **Voie fluviale utilisable pour le transport** : Fleuve Rouge (appontements à Nam-Dinh) vers Hanoi, Haiphong, Vinh.

d) **Ressources locales** : Tous moyens de transport existent sur place.

e) **Liaisons** : Bureau des P.T.T. à Nam-Dinh - Téléphone avec Hanoi.

f) **Renseignements divers** : Résident Chef de Province à Nam-Dinh — Garnison Hôpital et Médecins.

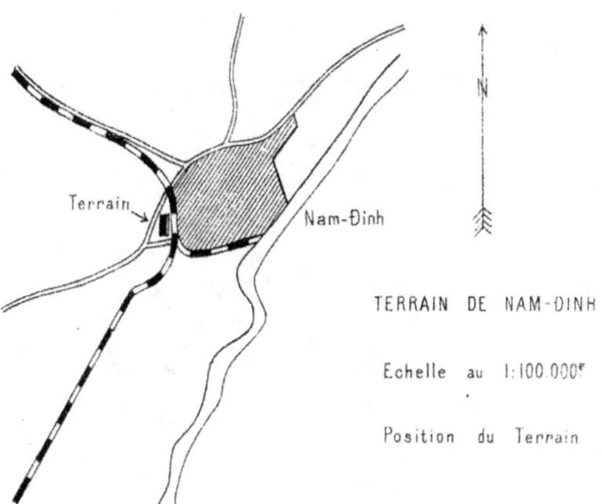

TERRAIN DE NAM-ĐINH

Echelle au 1:100.000ᵉ

Position du Terrain

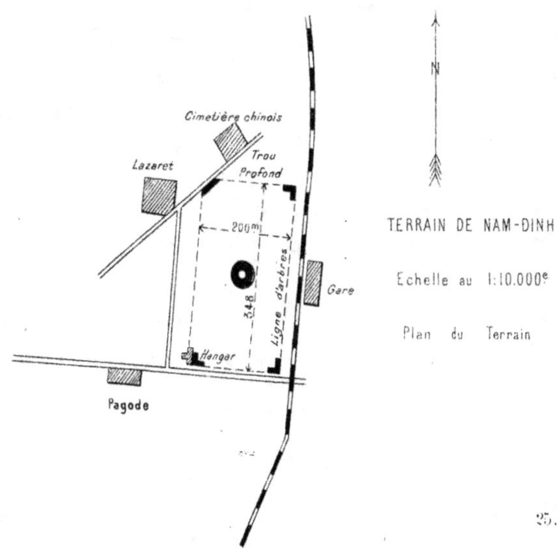

TERRAIN DE NAM-ĐINH

Echelle au 1:10.000ᵉ

Plan du Terrain

Terrain de **THANH-HOA**

(Terrain de secours)

Province de Thanh-Hoa

I.— POSITION.

a) **Position régionale** : 2 kilom. Est de la ville de Thanh-Hoa : au Sud et à proximité de la route Est-Ouest de Thanh-Hoa à Sam-Son.

b) **Repères avoisinants** : Citadelle et ville de Thanh-Hoa ; la route de Sam-Son.

c) **Environs** : Rizières ; route en remblai au Nord bordée d'arbres.

d) **Terrain lui-même** : Ancien terrain de rizières excellent en saison sèche inondé dans sa partie Sud en saison des pluies ; très plat ; dimensions 400$\times$250 m.

e) **Obstacles** : Au Nord la route et ses arbres : la ligne télégraphique.

f) **Cartes utilisables** : Cartes au 1/100.000e et au 1/500.000e

II.— INSTALLATION – RESSOURCES DE DÉPANNAGE.

a) **Hangar** : Un hangar léger 16$\times$9.

b) **Dépôt de matériel** : Néant.

c) **Dépôt de combustibles** : Combustibles auto à Thanh-Hoa.

d) **Eau** : A proximité.

e) **Ateliers de réparation locaux** : Ateliers des T. P. à Thanh-Hoa.

f) **Logement pour le personnel** : Hôtel.

III.— COMMUNICATIONS.

a) **Routes existantes** : Route Coloniale Hanoi-Saigon ; route Thanh-Hoa – Sam-Son ; toutes 2 automobilables.

b) **Voie ferrée** : Gare à Thanh-Hoa.

c) **Voie fluviale utilisable pour le transport** : Le Song-Cai à 4 kilom. Nord.

d) **Ressources locales** : Très diverses ; centre important.

e) **Liaisons** : Par train. — Bureau de Télégraphe à Thanh-Hoa.

f) **Renseignements divers** : Résident de France à Thanh-Hoa — Médecin.

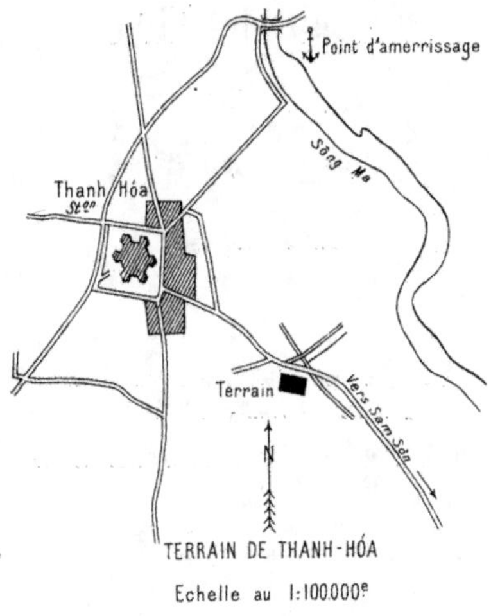

TERRAIN DE THANH-HÓA

Echelle au 1:100.000e

Position du Terrain

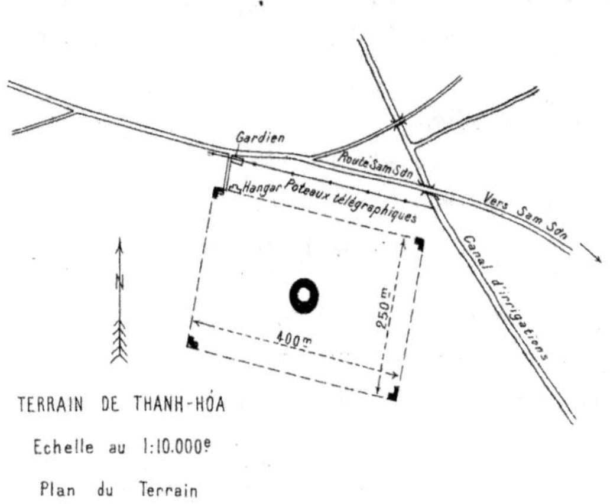

TERRAIN DE THANH-HÓA

Echelle au 1:10.000e

Plan du Terrain

Terrain de VINH

(Aéro - Halte)

Province de Vinh

I.— POSITION.

a) **Position régionale**: Terrain d'atterrissage à 1500 m. S. E. de Vinh en bordure E. de la route de Vinh - Bên-Thuy.

b) **Repères avoisinants** : Vinh — Ateliers des Chemins de fer à 100 m,

c) **Environs** : Rizières.

d) **Terrain lui-même** : Bon terrain, bien dégagé de dimensions 500×400 quelquefois inondé dans sa partie E. et N.

e) **Obstacles** : Côté N. O. Ateliers des Chemins de fer à 200 m.

f) **Cartes utilisables** : Cartes régulières de la région au 1/100.000e et au 1/500.000e.

II.— INSTALLATION — RESSOURCES DE DÉPANNAGE.

a) **Hangar** : Trois hangars légers pouvant contenir chacun un appareil de 15 mètres d'envergure.

b) **Dépôt de matériel** : Petit dépôt contenant quelques rechanges avion et moteur.

c) **Dépôt de combustibles** : Dépôt de la Franco-Asiatique à Vinh.

d) **Eau** : A proximité du terrain.

e) **Ateliers de réparation locaux** : Ateliers des Chemins de fer - Atelier des T. P. à Vinh.

f) **Logement pour le personnel** : L'Aéro Halte dispose d'une maison pourvue du matériel de couchage et de cuisine pour 3 personnes - Hôtel à Vinh.

III.— COMMUNICATIONS.

a) **Routes existantes** : Route Vinh - Hué en bordure du terrain.

b) **Voie ferrée** : Vinh - Bên-Thuy en bordure également (gare à Vinh et Bên-Thuy).

c) **Voie fluviale utilisable pour le transport** : Fleuve Sông-Ca (appontement à Bên-Thuy).

d) **Ressources locales** : Autos — Sampans.

e) **Liaisons** : Bureau des Postes et Télégraphes à Vinh.

f) **Renseignements divers** : Résident Chef de province à Vinh - Hôpital et Médecin.

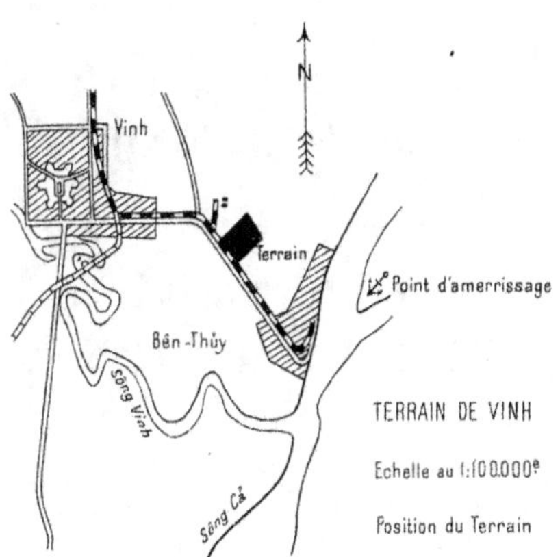

TERRAIN DE VINH

Echelle au 1:100.000ᵉ

Position du Terrain

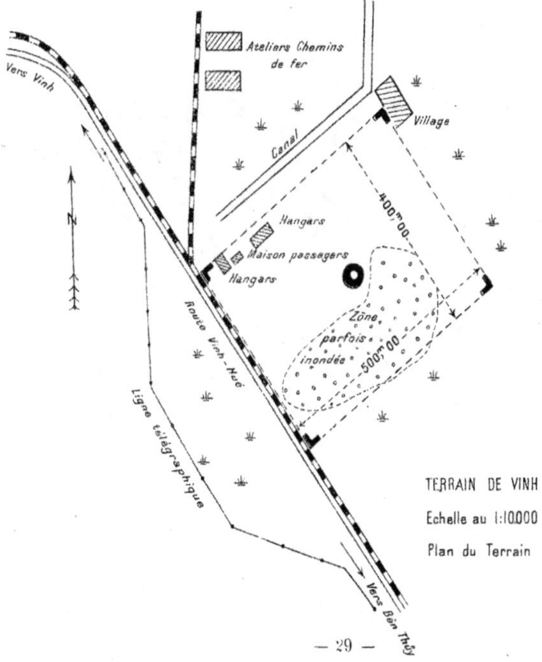

TERRAIN DE VINH

Echelle au 1:10.000

Plan du Terrain

Terrain de HA-TINH

(Terrain de secours)

Province de Ha-Tinh

I. - POSITION

a) **Position régionale :** Terrain d'atterrissage situé à 7 kilom. Ouest de Hatinh, au Sud de la route de Hatinh - Vinh-Lièu.

b) **Repères avoisinants :** Hatinh - Landes de sable très blanches à proximité du terrain.

c) **Environs :** Très plats. lande coupée par endroits de marécages.

d) **Terrain lui-même :** Lande déserte, sablonneuse, bien dégagée ; dimensions 400×200 quelques fonds marécageux existent sur le terrain.

e) **Obstacles :** Néant.

f) **Cartes utilisables :** Cartes régulières de la région au 1/100.000^e et au 1/500.000^e.

II.— INSTALLATION — RESSOURCES DE DÉPANNAGE.

a) **Hangar :** Pas de hangar.

b) **Dépôt de matériel :** Pas de dépôt.

c) **Dépôt de combustibles :** Essence auto à Hatinh.

d) **Eau :** A proximité dans un ruisseau au Nord.

e) **Ateliers de réparation locaux :** Ateliers des Travaux Publics à Hatinh.

f) **Logement pour le personnel :** S'adresser : 1° aux notables du village de Huong-Cat ; 2° au Résident Chef de Province de Hatinh.

III. — COMMUNICATIONS.

a) **Routes existantes :** Route de Hatinh à Vinh-Lièu à 100 m. du terrain.

b) **Voie ferrée :** Gare la plus proche : Vinh à 50 kilom.

c) **Voie fluviale utilisable pour le transport :** Néant

d) **Ressources locales :** Autos à Hatinh.

e) **Liaisons :** Bureau des Postes et Télégraphes à Hatinh.

f) **Renseignements divers :** Résident Chef de Province à Hatinh - Médecin.

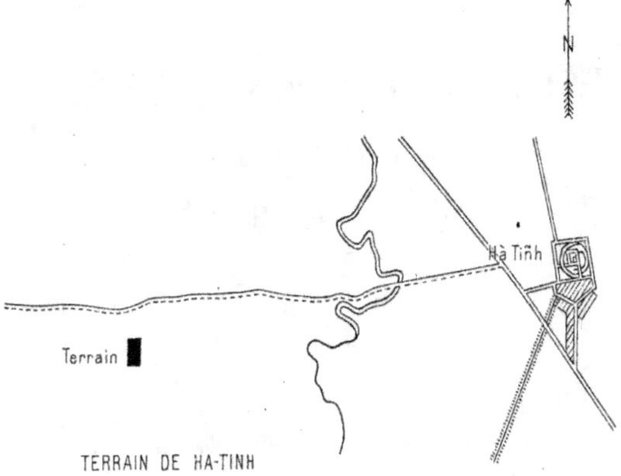

TERRAIN DE HA-TINH

Echelle au 1:100.000e

Position du Terrain

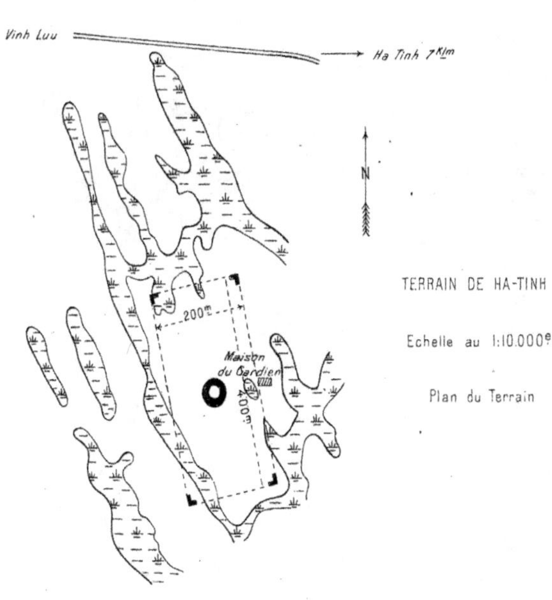

TERRAIN DE HA-TINH

Echelle au 1:10.000e

Plan du Terrain

Terrain de la Concession COUDOUX

(Terrain de secours)

Province de Ha-Tinh

I. — POSITION.

a) **Position régionale** : Terrain d'atterrissage situé au S, de la « **Concession ROBERT** » (Voir carte au 1/100.000ᵉ) à proximité de la route — 15 klm S. E. de Ky-Anh.

b) **Repères avoisinants** : Maison dite « Concession ROBERT ».

c) **Environs** : Rizières à l'Est ; montagnes à l'Ouest et Sud-Ouest.

d) **Terrain lui même** : Bon terrain, très plat, de dimensions 400×400 souvent inondé en saison des pluies,

e **Obstacles** : A l'O. surélévation d'environ 2 m. tout le long du terrain — Abords dégagés partout ailleurs — Ligne télégraphique sur la Grande Route.

f) **Cartes utilisables** : Cartes de la région au 1/100.000ᵉ et au 1/500.000ᵉ.

II.— INSTALLATION — RESSOURCES DE DÉPANNAGE.

a/ **Hangar** : Pas de hangar.

b) **Dépôt de matériel** : Pas de dépôt.

c) **Dépôt de combustibles** : Pas de dépôt.

d) **Eau** : Canal d'irrigation à proximité.

e) **Ateliers de réparation locaux** : Néant (s'adresser à Hatinh ; faibles ressources dans la maison du colon).

f) **Logement pour le personnel** : Demander à loger à la Concession.

III.— COMMUNICATIONS.

a) **Routes existantes** : Grande route Mandarine en bordure N. du terrain.

b) **Voie ferrée** : Néant.

c) **Voie fluviale utilisable pour le transport** : Néant.

d) **Ressources locales** : Néant.

e) **Liaisons** : Bureau des P. T. T, à Ky-Anh (15 klm.) Liaison par auto postale une fois par jour vers Vinh et vers Hué.

f) **Renseignements divers** : Résidence de Hatinh à 85 kilom, On peut aussi s'adresser à M. COUDOUX Colon. — Médecin à Hatinh.

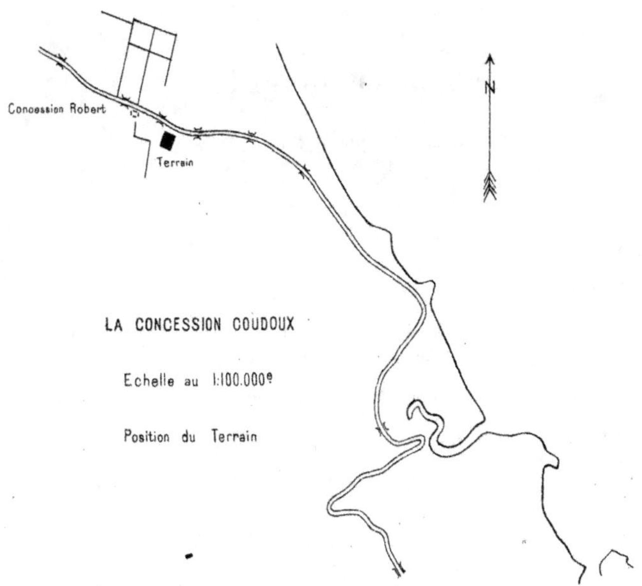

LA CONCESSION COUDOUX

Echelle au 1:100.000ᵉ

Position du Terrain

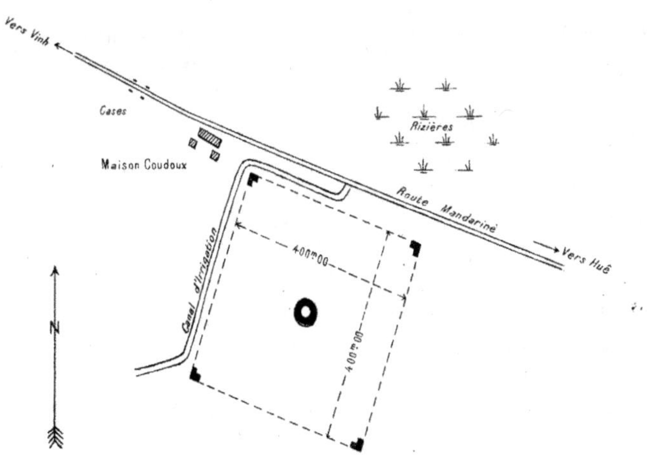

LA CONCESSION COUDOUX

Echelle au 1:10.000ᵉ

Plan du Terrain

Terrain de DONG-HOI

Province de Quang-Binh (Annam)

I. — POSITION.

a) **Position régionale** : Terrain d'atterrissage situé à 5 kilom. au N. N. O. de Dong-Hoi et à 200 m. E. de la route mandarine.

b) **Repères avoisinants** : Ville et citadelle de Dong-Hoi.

c) **Environs** : Plateau inculte surélevé au-dessus de la plaine de rizières.

d) **Terrain lui-même** : Bon terrain, jamais inondé. Sol excellent. Déclivité assez forte vers le S. Dimensions 400 × 400.

e) **Obstacles** : Au S. une route en déblai bordée d'une ligne télégraphique.

f) **Cartes utilisables** : Cartes régulières de la région au 1/100.000e et au 1/500.000e.

II. — INSTALLATION — RESSOURCES DE DÉPANNAGE.

a) **Hangar** : Un hangar de 16 m. d'ouverture et 9 m. de profondeur,

b) **Dépôt de matériel** : Néant.

c) **Dépôt de combustibles** : Dépôt à Dong-Hoi.

d) **Eau** : à 500 m. au N. E. du terrain.

e) **Ateliers de réparation locaux** : Atelier des T. P. à Dong-Hoi.

f) **Logement pour le personnel** : Installation nulle sur place. S'adresser à Dong-Hoi Maison de passagers — Résidence.

III. — COMMUNICATIONS

a) **Routes existantes** : Route en lisière du terrain, praticable aux autos aboutissant à la route mandarine.

b) **Voie ferrée** : Néant.

c) **Voie fluviale utilisable pour le transport** : Néant.

d) **Ressources locales** : Garage à Dong-Hoi — Location d'autos.

e) **Liaisons** : Bureau de P. T. T. à Dong-Hoi, Une liaison par jour auto postale vers Vinh et vers Hué.

f) **Renseignements divers** : Résidence à Dong-Hoi — Médecin.

O
N
Terrain
Phu Xa
Dông Hôi
Point d'amerrissage
TERRAIN DE DONG-HOI
Echelle au 1:100,000e
Position du Terrain

N
Route Mandarine
400m
400 m.
Pente descendante
Hangar pour 1 avion
Ligne télégraphique
TERRAIN DE DONG-HOI
Echelle au 1:10,000e
Plan du Terrain
Phu Xa
Hameau
Point d'eau

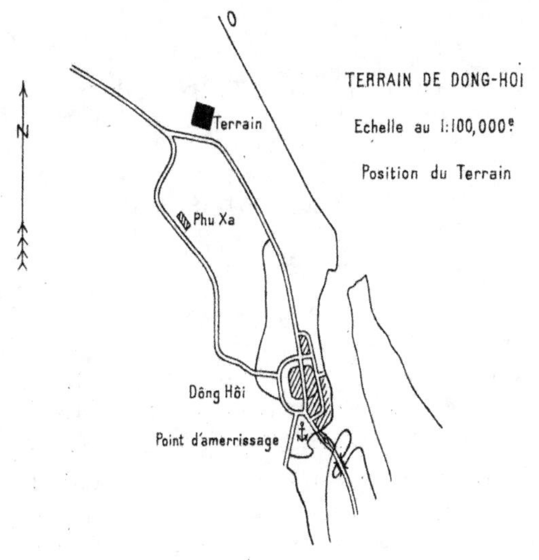

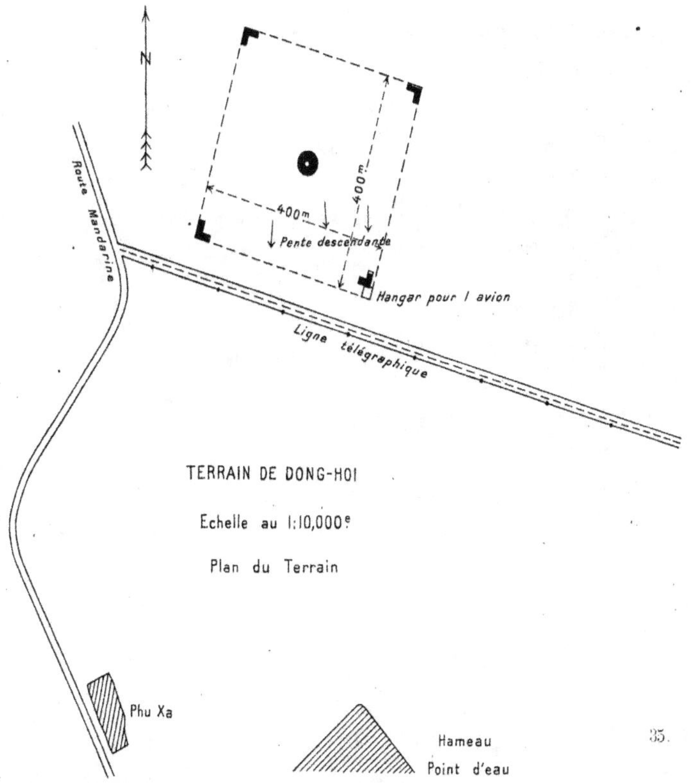

35.

Terrain du Kilomètre 107

Terrain de secours

Province de Quang-Tri (Annam)

I. — POSITION.

a) **Position régionale** : Terrain d'atterrissage situé en lisière O de la route mandarine à 1500 m. N. O. du marché, tram de Tu-Chinh (Huyên de Vinh-Linh).

b) **Repères avoisinants** : Marché tram et village de Tu-Chinh (très visible).

c) **Environs** : Rizières au Sud ; terrain légèrement mamelonné au Nord.

d) **Terrain lui-même** : Terrain d'atterrissage situé sur un plateau. La piste d'atterrissage se compose d'une bande de 600×350 m. Pente descendante très légère vers le N. N. E. — sol excellent.

e) **Obstacles** : Néant.

f) **Cartes utilisables** : Cartes régulières de la région au 1/100.000e et au 1/500.000e.

II. — INSTALLATION — RESSOURCES DE DÉPANNAGE.

a) **Hangar** : Pas de hangar.

b) **Dépôt de matériel** : Pas de dépôt.

c) **Dépôt de combustibles** : Pas de dépôt.

d) **Eau** : à Tu-Chinh.

e) **Ateliers de réparation locaux** : Néant — S'adresser à Quang-Tri.

f) **Logement pour le personnel** : S'adresser à 6 km S. E. **Huyên.**

III. — COMMUNICATIONS.

a) **Routes existantes** : Route Mandarine en lisière du terrain.

b) **Voie ferrée** : Néant.

c) **Voie fluviale utilisable pour le transport** : Néant.

d) **Ressources locales** : Néant.

e) **Liaisons** : Auto postale 1 fois par jour vers Vinh et vers Hué.

f) **Renseignements divers** : Résident Chef de Province à Quang-Tri — Médecin.

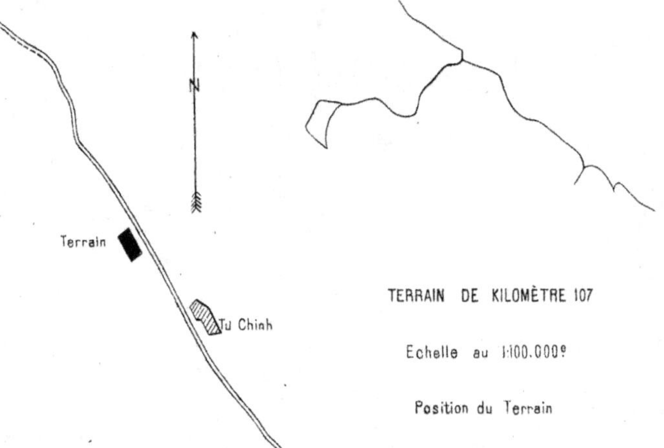

TERRAIN DE KILOMÈTRE 107

Echelle au 1:100.000ᵉ

Position du Terrain

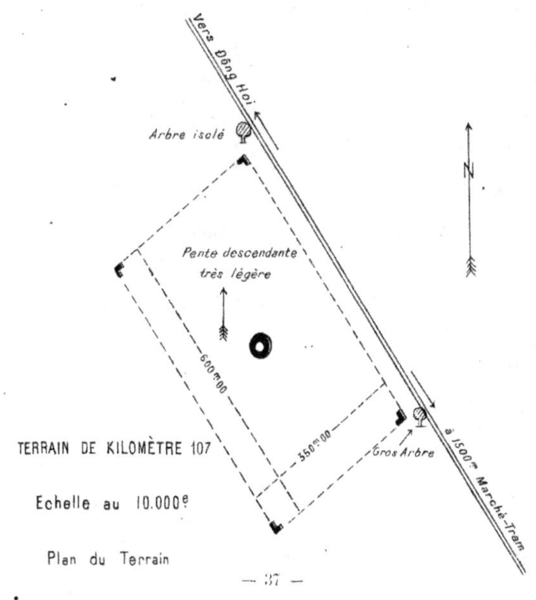

TERRAIN DE KILOMÈTRE 107

Echelle au 10.000ᵉ

Plan du Terrain

Terrain de QUANG-TRI

(Terrain de secours)

Province de Quang-Tri

I. — POSITION.

a) **Position régionale :** Terrain d'atterrissage à 2 klm S.O. de Quang-Tri, à 800 m. S. de la station de Chemin de fer.

b) **Repères avoisinants :** Quang-Tri — Pont du Chemin de fer.

c) **Environs :** Mamelons couverts d'arbustes dans les environs.

d) **Terrain lui-même :** Terrain élevé dominant la gare et la ville. Dimensions 450×300. Le terrain n'est pas plat et présente des ondulations longues a pente montant vers le N. NO. Très bon sol.

e) **Obstacles :** Dans la partie O du terrain un four à briques et des tombeaux.

f) **Cartes utilisables :** Cartes régulières de la région au 1/100.000e et au 1/500.000e.

II. — INSTALLATION — RESSOURCES DE DÉPANNAGE.

a) **Hangar :** Pas de hangar.

b) **Dépôt de matériel :** Pas de dépôt.

c) **Dépôt de combustibles :** Dépôt de la Franco-Asiatique à Quang-Tri.

d) **Eau :** La rivière se trouve à 500 m. du terrain.

e) **Ateliers de réparation locaux :** Atelier des T. P. à Quang-Tri.

f) **Logement pour le personnel :** S'adresser au Résident Chef de province à Quang-Tri. Hôtel Annamite à Quang-Tri.

III. — COMMUNICATIONS.

a) **Routes existantes :** Route en bordure du terrain.

b) **Voie ferrée :** Station de Quang-Tri à 800 m.

c) **Voie fluviale utilisable pour le transport :** Peu utilisable.

d) **Ressources locales :** Tous moyens de transport à Quang-Tri.

e) **Liaisons :** Bureau des P. T. T. à Quang-Tri.

f) **Renseignements divers :** Résident à Quang-Tri — Médecin.

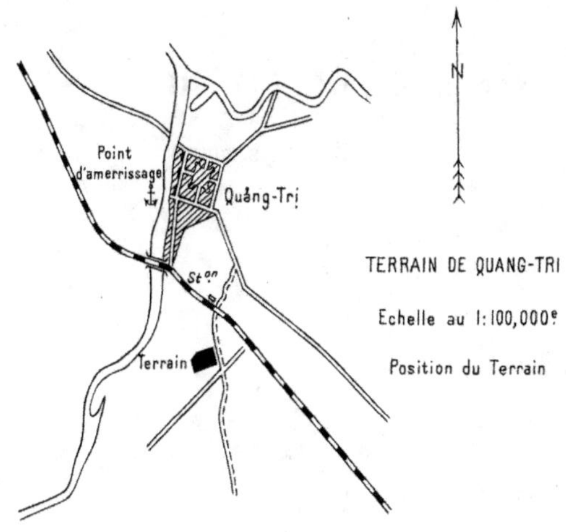

TERRAIN DE QUANG-TRI

Echelle au 1:100,000ᵉ

Position du Terrain

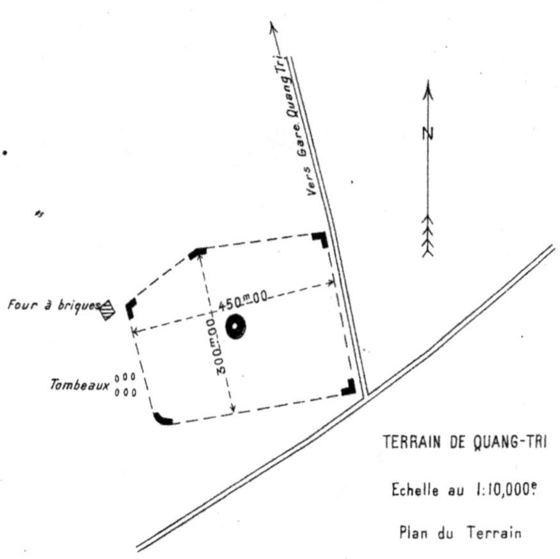

TERRAIN DE QUANG-TRI

Echelle au 1:10,000ᵉ

Plan du Terrain

Terrain de **HUONG-THUY** (Huê)

(Terrain de secours)

Province de Thua-Thiên

I. — POSITION.

a) **Position régionale** : Terrain d'atterrissage en bordure N. E. de la route Tourane-Hué situé 6 k 500 au S. E. du village de Huong-Thuy.

b) **Repères avoisinants :** Route Tourane - Hué.

c) **Environs** : Plateau Inculte.

d) **Terrain lui-même :** Plateau très dégagé sur lequel a été délimité une zône de dimensions de 450×450. Très bon sol, sablonneux, herbe rase, atterrissable en tout temps.

e) **Obstacles** : Pas d'obstacles.

f) **Cartes utilisables :** Cartes régulières de la région au 1/100.000e et au 1/500,000e.

II. — INSTALLATION — RESSOURCES DE DÉPANNAGE.

a) **Hangar :** Un hangar 16×15.

b) **Dépôt de matériel :** Pas de dépôt de matériel.

c) **Dépôt de combustibles :** à Hué.

d) **Eau** : à Huong-Thuy (5 kilomètres).

e) **Ateliers de réparation locaux :** Néant — S'adresser à Hué (Garage). École Professionnelle bien outillée à Hué.

f) **Logement pour le personnel** : à Huong-Thuy (Hôtel à Hué).

III. — COMMUNICATIONS.

a) **Routes existantes :** Route Hué - Tourane à proximité du terrain.

b) **Voie ferrée :** Hué-Tourane (Gare de Huong-Thuy à 6 k 500 dans la direction de Hué).

c) **Voie fluviale utilisable pour le transport** : Impraticable.

d) **Ressources locales :** Néant — S'adresser à Hué.

e) **Liaisons** : Télégraphe à la station de Huong-Thuy.

f) **Renseignements divers** : Résident Chef de province à Hué. — Résident Supérieur à Hué. — Garnison et Médecins à Hué.

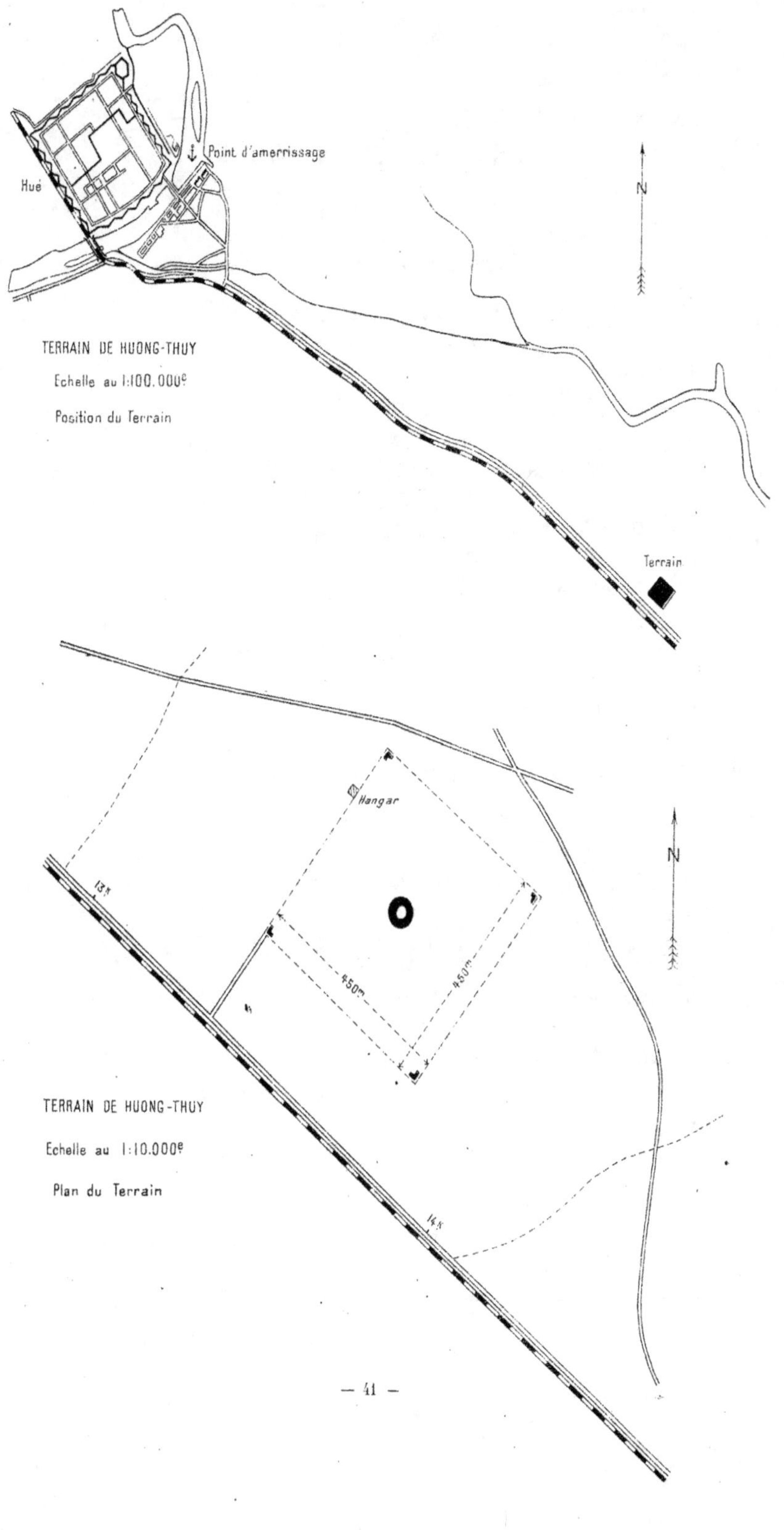

Hué
Point d'amerrissage
TERRAIN DE HUONG-THUY
Echelle au 1:100.000e
Position du Terrain
Terrain
N
Hangar
450m
450m
13 K
14 K
TERRAIN DE HUONG-THUY
Echelle au 1:10.000e
Plan du Terrain
N

Terrain de QUANG-NGAI

(Terrain de secours)

Province de Quang-Ngai

I. — POSITION.

a) **Position régionale**: Situé à 4k500 Est de la Citadelle de Quang-Ngai sur la route carrossable d'An-My qui le traverse dans toute sa longueur.

b) **Repères avoisinants**: Route mandarine; route Est Ouest d'An-My à Quang-Ngai; citadelle de Quang-Ngai.

c) **Environs**: Rizières et légères ondulations; villages entourés de bambous — Montagnes éloignées dans l'Ouest et le Sud-Ouest.

d) **Terrain lui-même**: Petit plateau en dos d'âne inculte; sol excellent; traversé par une route de l'Ouest à l'Est dont les fossés sont comblés. Dimensions 480×420; jamais inondé.

e) **Obstacles**: Néant.

f) **Cartes utilisables**: Cartes au 1/100.000ᵉ et au 1/500.000ᵉ.

II. — INSTALLATION — RESSOURCES DE DÉPANNAGE.

a) **Hangar**: Un hangar 16×9.

b) **Dépôt de matériel**: Néant.

c) **Dépôt de combustibles**: Néant.

d) **Eau:** A proximité.

e) **Ateliers de réparation locaux**: Atelier des T.P. à Quang-Ngai.

f) **Logement pour le personnel**: Petit hôtel (Chinois) à Quang-Ngai.

III. — COMMUNICATIONS.

a) **Routes existantes**: Route d'An-My et Route Coloniale Hanoi-Saigon.

b) **Voie ferrée**: Néant.

c) **Voie fluviale utilisable pour le transport**: Néant.

d) **Ressources locales**: Néant.

e) **Liaisons**: Auto postale tous les jours vers Quinhon et vers Tourane. Bureau du Télégraphe.

f) **Renseignements divers**: Résident de France à Quang-Ngai — Médecin.

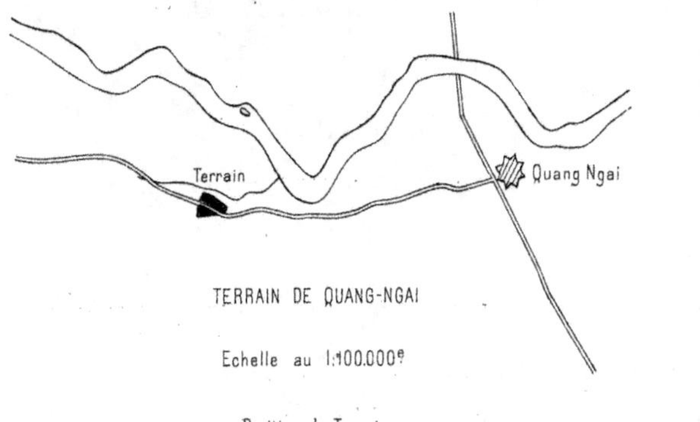

TERRAIN DE QUANG-NGAI

Echelle au 1:100.000^e

Position du Terrain

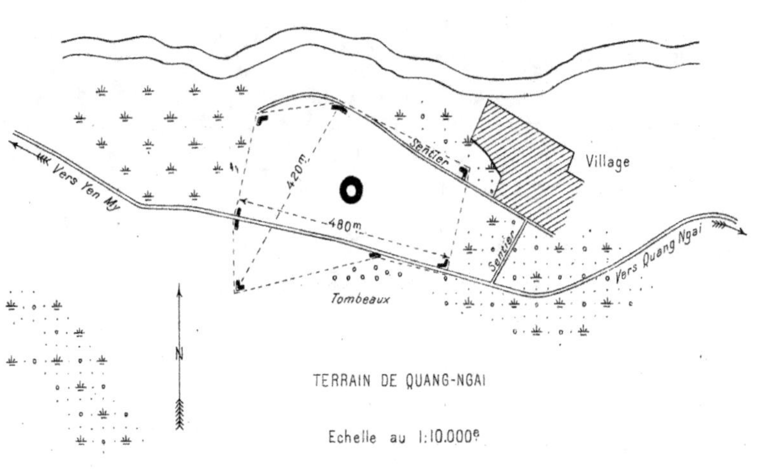

TERRAIN DE QUANG-NGAI

Echelle au 1:10.000^e

Plan du Terrain

Terrain de QUI-NHON

(Terrain de secours)

Province de Qui-Nhon (Annam)

I. — POSITION.

a) **Position régionale**: Terrain d'atterrissage situé à 1200ᵐ S.O. de Quinhon, au S. de la montagne du Nui-Ba-Hoa.

b) **Repères avoisinants**: Quinhon.

c) **Environs**: A 800ᵐ N. la montagne Nui-Ba-Hoa.
A 600ᵐ S.O., massif montagneux (Altitude 1500ᵐ).
Ces montagnes laissent un col qui constitue le trajet imposé à l'avion par vent S. et S.E.

d) **Terrain lui-même**: Terrain de sable mou consolidé encore imparfaitement par de l'herbe courte — Dimensions 400×300.

e) **Obstacles**: Au N. et au S. O. (Voir ci-dessus "**Environs**".

f) **Cartes utilisables**: Carte provisoire de la région au 1/100.000ᵉ.
Carte au 1/1.000.000ᵉ.

II. — INSTALLATION — RESSOURCES DE DÉPANNAGE.

a) **Hangar**: Un hangar de 16×9.

b) **Dépôt de matériel**: Pas de dépôt de matériel.

c) **Dépôt de combustibles**: Essence auto.

d) **Eau**: A proximité.

e) **Ateliers de réparation locaux** Ateliers de la S.T.A.C.A. — des T.P. — Service des Phares avec atelier à bois.

f) **Logement pour le personnel**: Hôtel à Quinhon.

III. — COMMUNICATIONS.

a) **Routes existantes**: Route provinciale en bordure du terrain.

b) **Voie ferrée**: Néant — Mais un service régulier d'autos existe entre Tourane et Nha-Trang.

c) **Voie fluviale utilisable pour le transport**: Port de Quinhon.

d) **Ressources locales**: Autos, jonques.

e) **Liaisons**: Bureau des P.T.T. Quinhon.

f) **Renseignements divers**: Résident à Quinhon — Médecin.

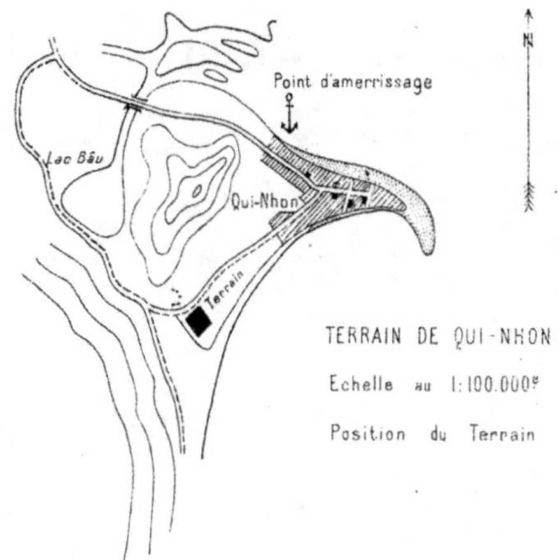

TERRAIN DE QUI-NHON
Echelle au 1:100.000ᵉ
Position du Terrain

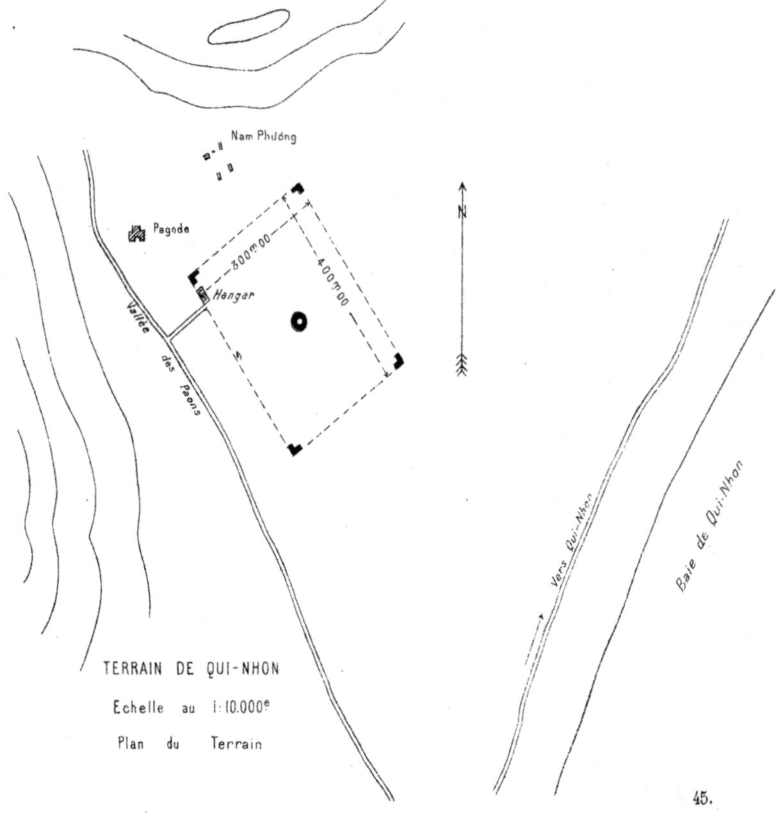

TERRAIN DE QUI-NHON
Echelle au 1:10.000ᵉ
Plan du Terrain

Terrain de TUY-HOA

(Terrain de secours)

Province de Sông-Câu

I. — **POSITION**.

 a) **Position régionale**: Terrain d'atterrissage situé à 1^{km} N du village de Tuy-Hoa à 50 km S de Song-Cau et 4 km N O de l'embouchure du Song-Da-Rang.

 b) **Repères avoisinants**: Le Song-Da-Rang (embouchure caractéristique) le village de Tuy-Hoa et sa montagne.

 c) **Environs**: Dunes.

 d) **Terrain lui-même**: Terrain constitué par du sable dur recouvert d'herbe courte- Dimensions 500×200. la plus grande longueur étant orientée dans la Direction générale des vents.

 e) **Obstacles**: Le long de la route ligne télégraphique. Sur le côté O du terrain dunes surélevées. Direction d'atterrissage imposée S.N. ou N.S.

 f) **Cartes utilisables**: Carte provisoire au 1/200.000.

II. — **INSTALLATION — RESSOURCES DE DÉPANNAGE**.

 a) **Hangar**: Pas de hangar.

 b) **Dépôt de matériel**: Pas de dépôt.

 c) **Dépôt de combustibles**: Pas de dépôt.

 d) **Eau**: A Tuy-Hoa.

 e) **Ateliers de réparation locaux**: Néant.

 f) **Logement pour le personnel**: A Tuy-Hoa — Maison de passagers.

III. — **COMMUNICATIONS**.

 a) **Routes existantes**: Route en lisière du terrain entre Nhatrang et Quinhon.

 b) **Voie ferrée**: Néant — La plus proche est à Nha-Trang.

 c) **Voie fluviale utilisable pour le transport**: Le Song-Da-Rang — Communication avec la mer.

 d) **Ressources locales**: Jonques, chevaux, autos, (à louer à Nhatrang ou à Qui-Nhon).

 e) **Liaisons**: Bureau des Postes et Télégraphes à Tuy-Hoa. Un service régulier et quotidien autos vers Nha-Trang ou vers Song-Cau et Qui-Nhon.

 f) **Renseignements divers**: Résident à Song-Cau — pas de Médecin.

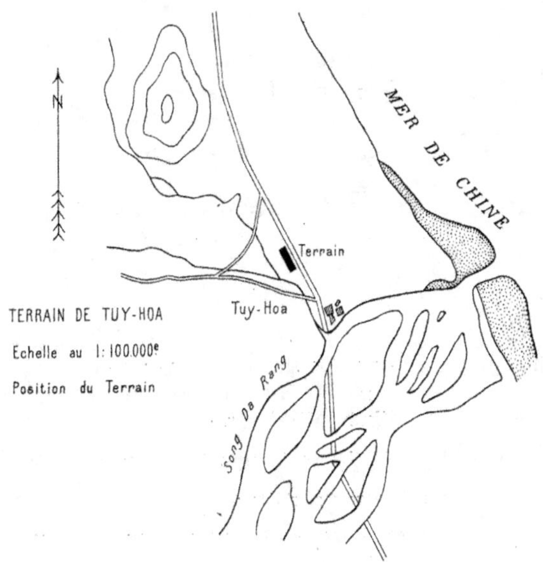

N
MER DE CHINE
Terrain
Tuy-Hoa
Song Da Rang
TERRAIN DE TUY-HOA
Echelle au 1:100.000e
Position du Terrain

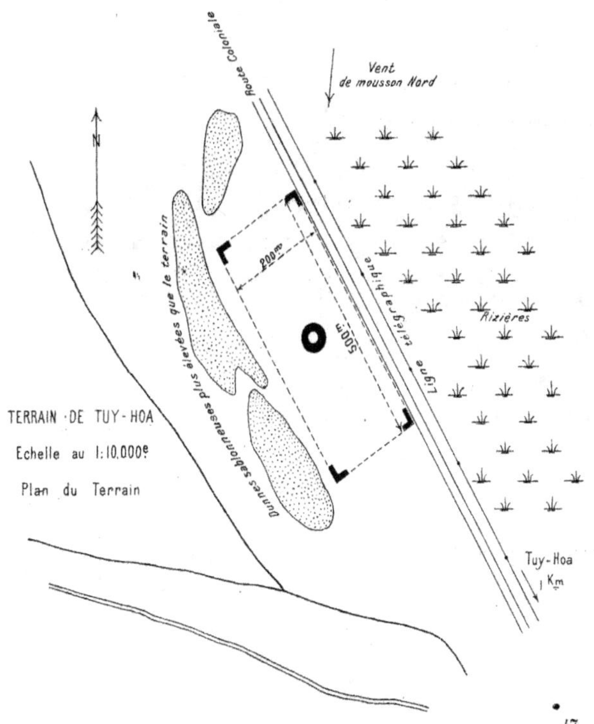

N
Route Coloniale
Vent
de mousson Nord
200m
500m
Dunes sablonneuses plus élevées que le terrain
Ligne télégraphique
Rizières
TERRAIN ·DE TUY-HOA
Echelle au 1:10.000e
Plan du Terrain
Tuy-Hoa
1 Km

Terrain de GIA

(Terrain de secours)

Province de Nha-Trang

I. — POSITION.

a) **Position régionale**: En lisière Est de la route Mandarine Hanoï-Saigon; à hauteur de l'Ile Hon-Yung dans la Baie de Ben-Goi; à 50 km. Nord de Nha-Trang.

b) **Repères avoisinants**: Au Nord, petit centre de Gia. Quelques maisons blanches.

c) **Environs**: Landes sablonneuses et rizières; la mer à 600^m.

d) **Terrain lui-même**: Lande sablonneuse ondulations légères parallèles à la côte: sable souvent mou.

e) **Obstacles**: Néant.

f) **Cartes utilisables**: Cartes irrégulières au 1/100.000^e.

II. — INSTALLATION — RESSOURCES DE DÉPANNAGE.

a) **Hangar**: Néant.

b) **Dépôt de matériel**: Néant.

c) **Dépôt de combustibles**: Néant.

d) **Eau**: A proximité.

e) **Ateliers de réparation locaux**: S'adresser à Nha-Trang.

f) **Logement pour le personnel**: S'adresser aux autorités locales.

III. — COMMUNICATIONS.

a) **Routes existantes**: Route Coloniale Hanoï-Saigon.

b) **Voie ferrée**: Néant.

c) **Voie fluviale utilisable pour le transport**: Par mer; transports possibles; jonques.

d) **Ressources locales**: Néant.

e) **Liaisons**: Service auto quotidien vers Nha-Trang ou vers Quinhon — Bureau des P.T.T. à Gia.

f) **Renseignements divers**: Pas de médecin.

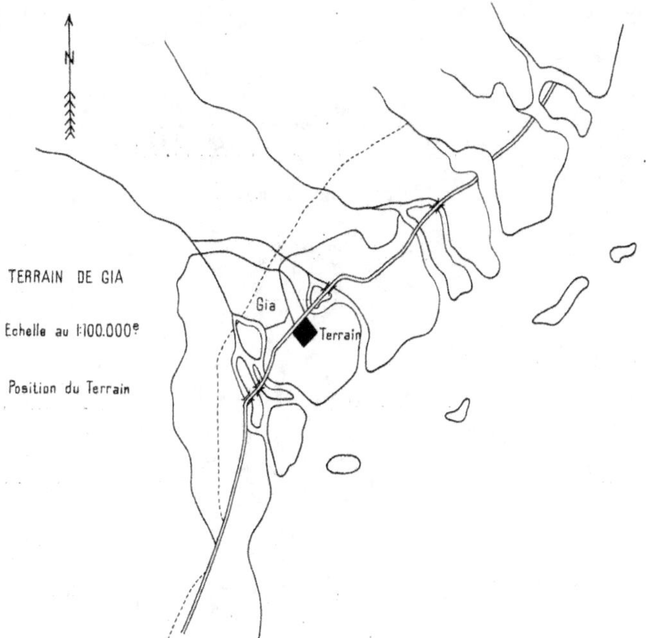

N
TERRAIN DE GIA
Echelle au 1:100.000°
Position du Terrain
Gia
Terrain

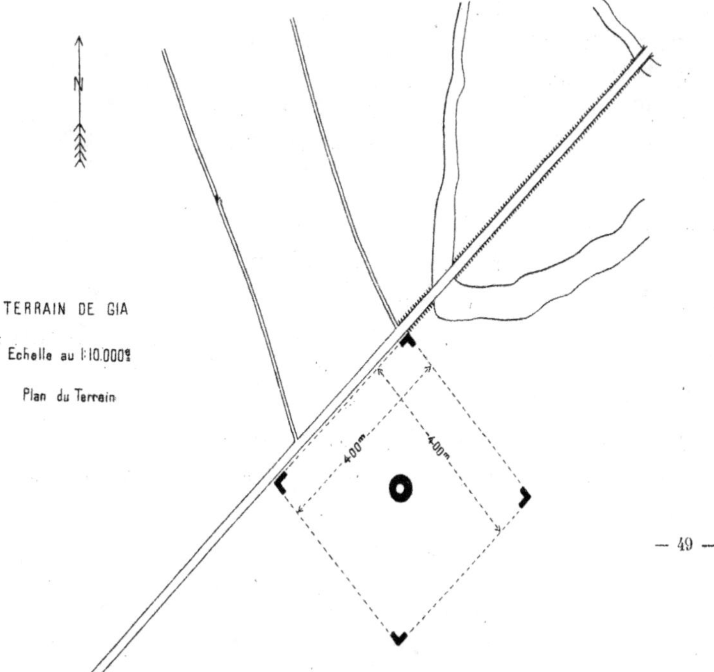

N
TERRAIN DE GIA
Echelle au 1:10.000°
Plan du Terrain
400 m
400 m

Terrain de NHA-TRANG

(Terrain de secours)

Province de Nha-Trang

I. — POSITION.

a) **Position régionale**: En bordure de la mer, à 1 km Sud de Nha-Trang.

b) **Repères avoisinants**: La ville.

c) **Environs**: Bande sablonneuse, inculte quelques constructions surtout au Nord du terrain.

d) **Terrain lui-même**: Terrain sablonneux, mou, recouvert par endroits d'herbe courte qui le durcit; traversé par une route automobilable, sans fossé, se méfier du passage de cette route en vitesse; dimension: cercle de 400ᵐ de diamètre.

e) **Obstacles**: Néant.

f) **Cartes utilisables**: Cartes irrégulières au 1/100.000ᵉ.

II. — INSTALLATION — RESSOURCES DE DÉPANNAGE.

a) **Hangar**: Hangar de 16×16.

b) **Dépôt de matériel**: Néant.

c) **Dépôt de combustibles**: Essence auto à Nha-Trang.

d) **Eau**: En ville.

e) **Ateliers de réparation locaux** Ateliers des Travaux Publics.

f) **Logement pour le personnel**: Bungalow à Nha-Trang.

III. — COMMUNICATIONS.

a) **Routes existantes**: Route automobilable du terrain en ville.

b) **Voie ferrée**: A 6 km vers Saigon.

c) **Voie fluviale utilisable pour le transport**: Port à Nha-Trang pour jonques et petits vapeurs.

d) **Ressources locales**: Location d'autos.

e) **Liaisons**: Bureau des Postes et Télégraphes à Nha-Trang.

f) **Renseignements divers**: Résident de France à Nha-Trang — Médecin.

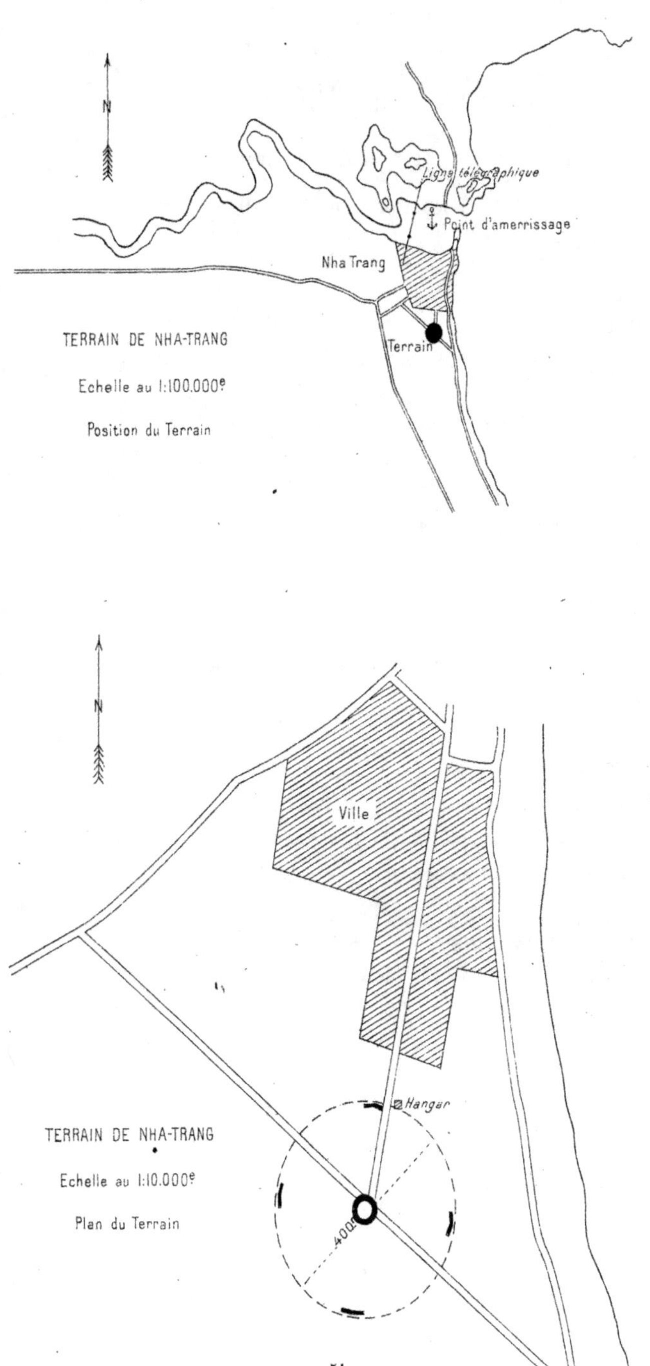

N
Ligne télégraphique
Point d'amerrissage
Nha Trang
Terrain
TERRAIN DE NHA-TRANG
Echelle au 1:100.000°
Position du Terrain
N
Ville
Hangar
400m
TERRAIN DE NHA-TRANG
Echelle au 1:10.000°
Plan du Terrain

Terrain de PHAN-RANG

(Terrain de secours)
Délégation de Phan-Rang

I. – POSITION

a) **Position régionale** : Terrain d'atterrissage situé à 8 kilom. au N.O. de Phan-Rang et à 3 kilom. au N. de Tourcham.

b) **Repères avoisinants** : Phan-Rang et Tourcham avec sa gare et sa tour.

c) **Environs** : Grande plaine entre Mer et Montagne — Broussailles, arbustes et rizières. Village Cham ; canal d'irrigation.

d) **Terrain lui-même** : Bon terrain de dimensions 400×400. Sol ferme, herbe courte.

e) **Obstacles** : Néant.

f) **Cartes utilisables** : Carte provisoire au 1/100.000e — Carte au 1/500.000e.

II. – INSTALLATION – RESSOURCES DE DÉPANNAGE.

a) **Hangar** : Pas de hangar.

b) **Dépôt de matériel** : Pas de dépôt.

c) **Dépôt de combustibles** : Pas de dépôt.

d) **Eau** : Canal d'irrigation à proximité du terrain.

e) **Ateliers de réparation locaux** : Atelier des T.P. à Phan-Rang. Gare de Tourcham.

f) **Logement pour le personnel** : Bungalow à Tourcham.

III. — COMMUNICATIONS.

a) **Routes existantes** : 1º — Route Phan-Rang — Dalat.
2º — Route d'accès au terrain. Automobilable.

b) **Voie ferrée** : Ligne Saigon-Nhatrang avec embranchement Tourcham vers Krong-Pha.

c) **Voie fluviale utilisable pour le transport** : Néant

d) **Ressources locales** : Jonques et Autos à Phan-Rang.

e) **Liaisons** : Bureau des P.T.T. à Tourcham.

f) **Renseignements divers** : Délégué à Phan-Rang — Gare bien outillée — Médecin à Phan-Rang.

N
Lagune de Minh-Chau
Point d'amerrissage
Poste
Terrain
Tourcham
Station de Tourcham
Phan-Rang
TERRAIN DE PHAN-RANG
Echelle au 1:100.000e
Plan du Terrain

N
Buissons et
arbres peu
élevés
400 m
400 m
Buissons
et arbres peu élevés
vers Nha-Trang
TERRAIN DE PHAN-RANG
Echelle au 1:10.000e
Plan du Terrain
Village
Cham

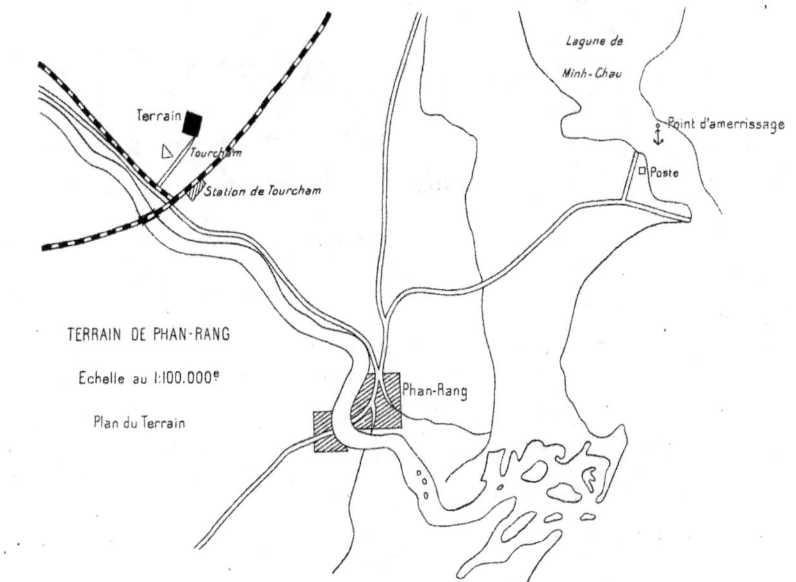

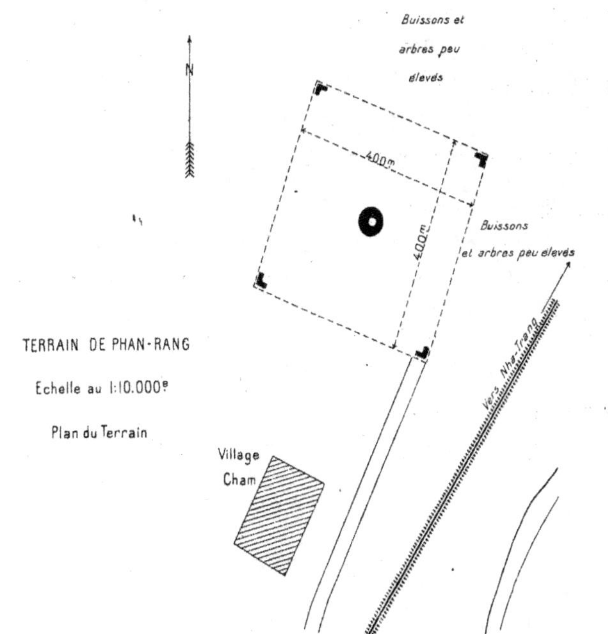

53.

Terrain de **PHAN-THIÉT**

(Terrain de secours)

Province de Phan-Thièt

I. — **POSITION**.

a) **Position régionale :** 10 km Nord Ouest de Phan-Thièt, le long de la route Phan-Thièt Muong Man (Gare).

b) **Repères avoisinants :** La gare de Muong Man ; la ville de Phan-Thièt.

c) **Environs :** Rizières : la route en lisières Ouest est bordée d'arbres et d'une ligne télégraphique : quelques cases et une pagode à l'Ouest : quelques arbres ou buissons dans la plaine de rizière.

d) **Terrain lui-même :** Jamais inondé : terre sablonneuse recouverte d'herbe rase ; très plat : Dimensions 400×400.

e) **Obstacles :** à l'Ouest la route et ses arbres.

f) **Cartes utilisables :** Au 1/500.000ᵉ et au 1/1.000.000ᵉ.

II.— **INSTALLATION — RESSOURCES DE DÉPANNAGE**.

a) **Hangar :** Néant.

b) **Dépôt de matériel :** Néant.

c) **Dépôt de combustibles :** Essence auto à Phan-Thièt.

d) **Eau :** A proximité,

e) **Ateliers de réparation locaux :** Atelier des T.P. à Phan-Thièt.

f) **Logement pour le personnel :** Bungalow à Phan-Thièt.

III. — **COMMUNICATIONS**.

a) **Routes existantes :** Route automobilable de Phan-Thièt à Muong Man (Gare).

b) **Voie ferrée :** Gare à Muong Man avec embranchement sur Phan-Thièt.

c) **Voie fluviale utilisable pour le transport :** Port de mer pour petits bateaux et jonques.

d) **Ressources locales :** Phan-Thièt riche en ressources de toutes sortes.

e) **Liaisons :** Télégraphe à Phan-Thièt et Muong Man.

f) **Renseignements divers :** Résident de France à Phan-Thièt, — Médecin à Phan-Thièt.

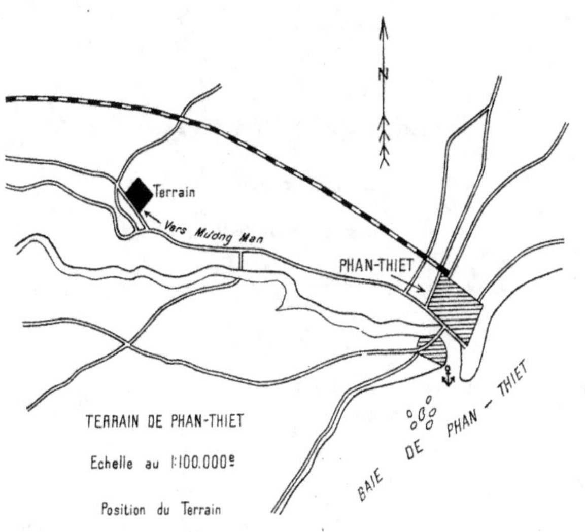

TERRAIN DE PHAN-THIET

Echelle au 1:100.000ᵉ

Position du Terrain

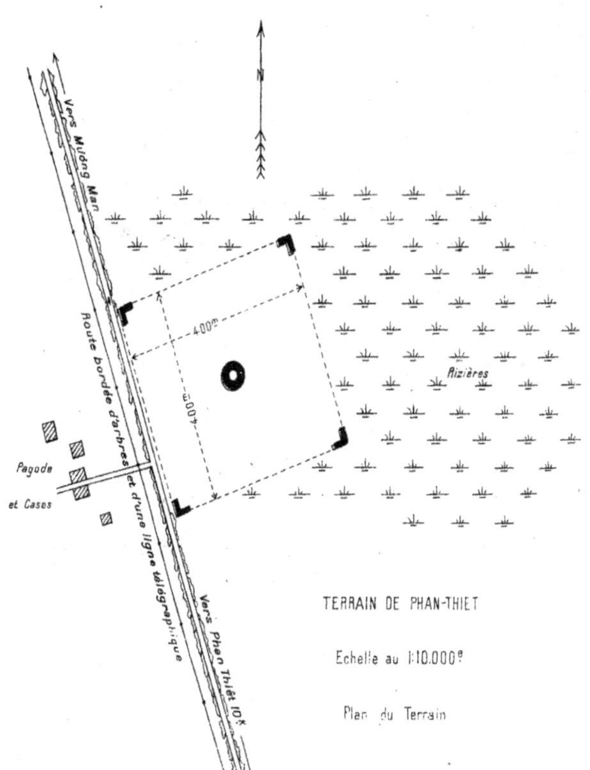

TERRAIN DE PHAN-THIET

Echelle au 1:10.000ᵉ

Plan du Terrain

55.

Terrain de **BIEN-HOA**

(Aéro Gare)
Province de Bien-Hoa

I. — POSITION.

a) **Position régionale** : A 1500 m. Nord de la ville de Bien-Hoa le long de la route de Tri-An.

b) **Repères avoisinants** : Les cheminées de la « Bien-Hoa industrielle » la Gare de Bien-Hoa.

c) **Environs** : Légèrement mamelonné ; cultivé les fonds en rizières, les plateaux en plantations de caoutchouc ou laissés en friche. Forêt peu dense.

d) **Terrain lui-même** : Plateau surélevé, excellent sol à pente très douce permettant l'écoulement des eaux ; dimensions 940×720.

e) **Obstacles** : Plantation de caoutchouc au Sud : arbres de la route au Nord, constructions au Nord-Ouest.

f) **Cartes utilisables** : Au 1/100.000e

II. — INSTALLATION — RESSOURCES DE DÉPANNAGE.

a) **Hangar** : Deux hangars 20×30.

b) **Dépôt de matériel** : Gros dépôt de l'escadrille de Cochinchine.

c) **Dépôt de combustibles** : Dépôt d'essence avion important.

d) **Eau** : Puits sur le terrain.

e) **Ateliers de réparation locaux** : Ateliers d'escadrille.

f) **Logement pour le personnel** : S'adresser au Capitaine Chef du centre ou à Bien-Hoa (Hôtel).

III. — COMMUNICATIONS

a) **Routes existantes** : Routes automobilables dans toutes directions.

b) **Voie ferrée** : Gare de Bien-Hoa.

c) **Voie fluviale utilisable pour le transport** : Le Donaï pour sampans et petites chaloupes.

d) **Ressources locales** : De toutes sortes.

e) **Liaisons** : Bureau des P.T.T. à Bien-Hoa ; Téléphone avec Saigon en cours de pose.

f) **Renseignements divers** : Résident de France à Bien-Hoa, — Médecin. — Garnison à Bien-Hoa.

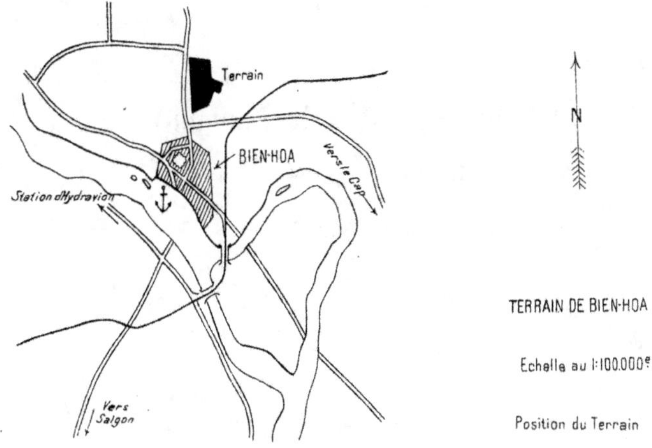

TERRAIN DE BIEN-HOA

Echelle au 1:100.000⁰

Position du Terrain

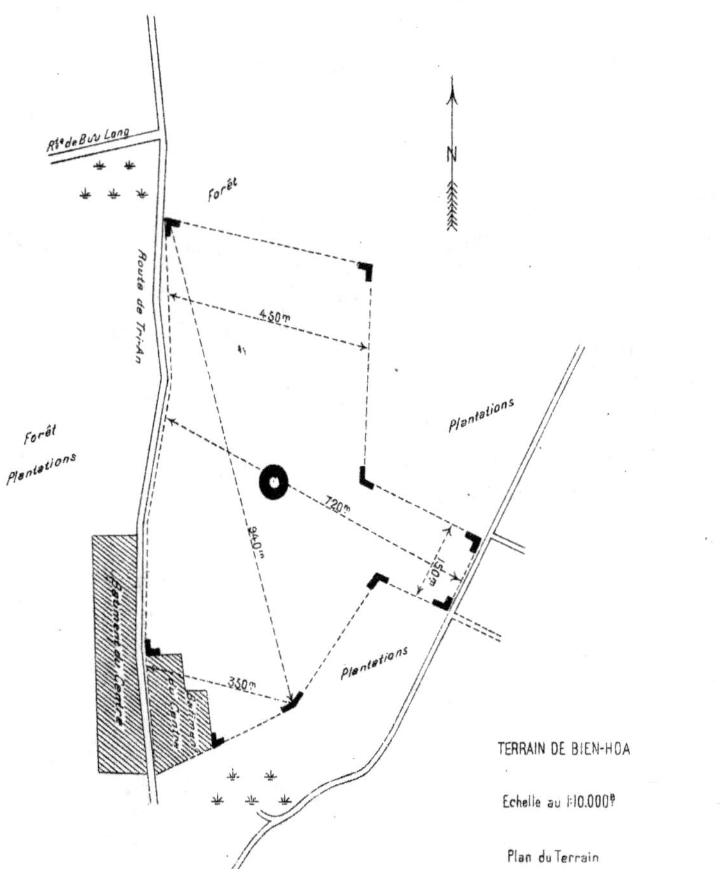

TERRAIN DE BIEN-HOA

57.

Echelle au 1:10.000⁰

Plan du Terrain

Terrain de PHU-THO (Saigon)

Terrain de secours

Ville de Saigon

I. — POSITION.

a) **Position régionale :** à 3 km. Ouest de Saigon à 2 km. Nord de Cholon.

b) **Repères avoisinants :** Villes de Cholon et Saigon. — La station de T.S.F.

c) **Environs :** Plats ; mais construits en beaucoup d'endroits, Canal, village et bâtiment à l'Ouest.

d) **Terrain lui-même :** Très bon terrain ; sol ferme ; peu praticable en saison des pluies ; dimensions 500×400.

e) **Obstacles :** Au Nord et Nord-Est. ligne de pylônes de T.S.F. de 250 m. de haut, très dangereuse.

f) **Cartes utilisables :** Carte au 1 100.000e.

II.— INSTALLATION — RESSOURCES DE DÉPANNAGE.

a) **Hangar :** Un hangar 16×16.

b) **Dépôt de matériel :** Dépôt pour matériel divers.

c) **Dépôt de combustibles :** Combustible à Saigon.

d) **Eau :** A proximité.

e) **Ateliers de réparation locaux :** Toutes ressources à Saigon et Cholon.

f) **Logement pour le personnel :** Hôtels à Saigon.

III.— COMMUNICATIONS.

a) **Routes existantes :** Routes automobilables en toutes directions.

b) **Voie ferrée :** Gares à Saigon et Cholon.

c) **Voie fluviale utilisable pour le transport :** Port à Saigon.

d) **Ressources locales :** De toutes sortes.

e) **Liaisons :** T.S.P. — Télégraphe, Téléphone.

f) **Renseignements divers :** Un comité d'Aviation à Saigon. Toutes ressources.

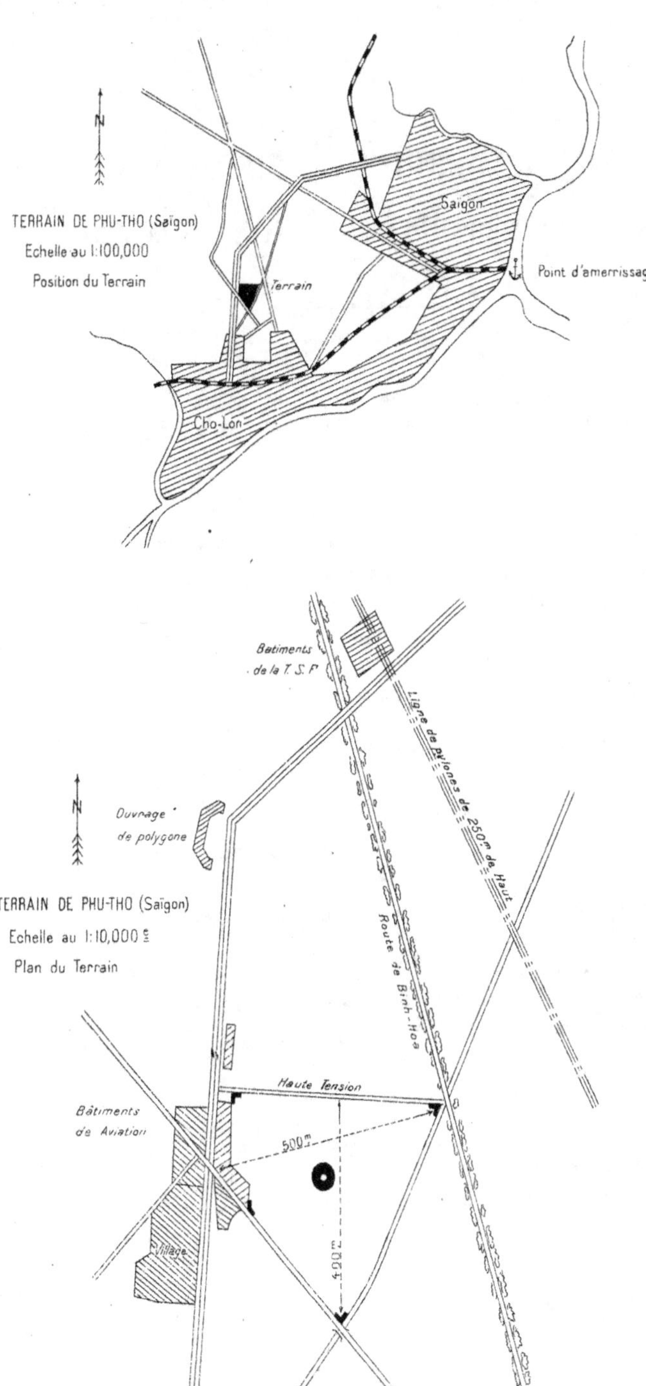

N
TERRAIN DE PHU-THO (Saïgon)
Echelle au 1:100,000
Position du Terrain
Saïgon
Terrain
Point d'amerrissage
Cho-Lon
Bâtiments de la T.S.F.
Ligne de pylones de 250m de Haut
N
Ouvrage de polygone
Route de Binh-Hoa
TERRAIN DE PHU-THO (Saïgon)
Echelle au 1:10,000
Plan du Terrain
Haute Tension
Bâtiments d'Aviation
500 m
400 m
Village

POINTS D'AMERRISSAGE RECOMMANDÉS

sur le parcours HANOI-SAIGON par la Côte

1 — **Hanoi**.- Base du Grand-Lac - Base installée.

    Se reporter, pour l'emplacement, à l'extrait de la carte au 1/100.000 accompagnant le terrain de Bach-Mai.

    Amerrissage facile en toutes directions.

    Hangar de 30×12 ; slip. Decauville et treuil.

2 — **Thanh-Hoa** sur le Song-Chu près du pont de Ham-Rong : aucune installation.

3 — Song-Hau près du Cap-Falaise. Baie abritée ; poste de Douane ; aucune installation.

4 — **Bên-Thuy** près Vinh : se reporter, pour l'emplacement à l'extrait de carte accompagnant le terrain de Vinh : aucune installation.

5 — Sur le Nguon-Nay près de Ba-Don, centre commercial ; aucune installation.

6 — Le Song-Long-Dai à Dong-Hoi ; aucune installation : se reporter à la carte du terrain de Dong-Hoi.

7 — Le Song-Quang-Tri à Quang-Tri sens Nord-Sud seulement : aucune installation.

8 — La Rivière des Parfums à Hué, devant la Résidence Supérieure : aucune installation.

9 — La Lagune de Lang-Co : aucune installation.

10 — La rivière de Tourane à l'Ouest de la ville : aucune installation.

11 — Rivière de Faifoo, devant le marché de Faifoo ; un slip et un hangar 16×9.

12 — La rivière de Quang-Ngai en aval de la ville ; aucune installation.

13 — La rivière de Bong-Son devant la ville : aucune installation.

14 — Lagune de Qui-Nhon ; près de la ville ; aucune installation.

15 — La Baie de Song-Cau, Devant la Résidence ; un hangar 16×9.

16 — Rivière de Nha-Trang au pied de la tour Cham rive Nord : se méfier des fils télégraphiques traversant la rivière à 5 ou 10 mètres de haut : suivant l'éloignement de la rive ; 2 kangars de 16×9.

17 — Baie de Cam-Ranh, devant Bangoi : aucune installation.

18 — Lagune de Ninh-Chu à 12 km de Phan-Rang ; poste de douane ; aucune installation.

19 — Phan-Thièt, la rivière au Nord de la ville : aucune installation.

20 — Cap-Saint-Jacques, dans la crique au nord du terrain d'atterrissage, appontement pour chaloupes : aucune installation.

21 — Biên-Hoa, devant la ville ; centre d'hydraviation militaire : installations complètes ; hangars de 20×30 ; slip, Decauville et treuil.

22 — Saigon sur la rivière, devant l'arroyo chinois, accoster près des chaloupes des Messageries Fluviales ; aucune installation.

2° — LIGNE HANOI - SAIGON

par le MÉKONG

BACH-MAI   NA-KAI (projeté)

NAM-DINH   THAKHEK

THANH-HOA   KRATIÉ

VINH   KHONG

VOIBO   SAMBOR

NAPÉ   TAY-NINH

                     SAIGON (Phu-Tho)

Distance entre Hanoi et Saigon
        par le Mékong : 1.285 kilomètres.

Le terrain de BACH-MAI est déjà décrit page 22 ; s'y reporter
    —   NAM-DINH   —   24   —
    —   THANH-HOA   —   26   —
    —   VINH   —   28   —
    —   SAIGON (Phu-Tho)   —   58   —

ASPECT GÉNÉRAL DU PARCOURS

La ligne quitte la précédente à Vinh et se dirige droit sur la Chaîne Annamitique qu'elle traverse entre Voibô et Napé au col de Keo-Neua.

Hauteur du col 915 mètres.

Hauteur des sommets environnants de 15 à 1700 mètres.

Jusqu'aux alentours de la Chaîne, rizières.

L'avion s'engage ensuite au dessus de vallées profondes, couvertes de forêts, dans le fond desquelles coulent des torrents.

Bien souvent, cependant, la beauté de cette région sauvage échappe à l'aviateur : le col est si rarement découvert qu'il faut admettre comme la règle le passage au dessus des nuages, à la boussole sur toutes les régions avoisinant la Chaîne.

A Napé au contraire, changement de temps ; ciel dégagé pendant 6 mois d'hiver.

En ce point, un terrain étroit, resserré entre deux lignes de montagnes offre un abri précaire aux appareils surpris par une panne subite : à signaler en outre, en fin d'hiver, la présence d'un vent local soufflant par rafales violentes ; ce vent n'est pas ressenti aux hautes altitudes.

De Napé à Thakhek, région dépeuplée, couverte de forêts épaisses ou forêts clairières qui viennent jusque sur le Mékhong ; pas de ressources, sauf sur le plateau de Nakai, où de vastes paturages peuvent permettre l'atterrissage d'un avion ; encore faut-il se méfier des trous qu'y font les buffles pour se vautrer dans la boue.

Peu ou point de repères planimétriques : tour à tour des rivières encaissées, des montagnes (la plus élevée, le Pou-Hong atteint 1.577 mètres) dont la direction générale est Sud-Est, Nord-Ouest, et, recouvrant tout, sauf les massifs calcaires chaotiques et dénudés, la forêt, à perte de vue.

Il faut, là aussi, bien souvent et même les beaux jours recourir à la boussole pour se diriger ; mais quand le vol est possible aux hautes altitudes, l'aviateur voit au loin, dès après Napé, briller le ruban du Mékhong.

De Thakhek à Kratié, quelques terrains seulement jalonnent la ligne : l'hydravion convient surtout à l'admirable voie du Mékhong, large, sauf en de rares endroits, de plus d'un kilomètre et semée, à la saison de basses eaux, de bancs de sable qui permettent le halage à terre des hydravions à flotteurs.

En saison des pluies, au moment où le Mékhong répand ses eaux très loin dans la campagne, inondant en particulier la plupart des terrains d'atterrissage, le vol par hydravion est le seul possible.

La hauteur des crues qui atteint en moyenne dix mètres empêche l'installation régulière de slips.

A Kratié, changement de temps à prévoir : en ce point, la ligne quitte le Mékhong et traverse la forêt Moï droit vers le Sud : région basse, sans repères planimétriques mais d'où l'on voit au loin, les jours de beau temps, se dresser la montagne cônique de Tay-Ninh altitude 906 m, le plus visible des repères de Cochinchine.

De Tay-Ninh, où cesse la forêt, à Saigon, rizières.

Terrain de VOI-BO

(Terrain de secours)

Province de Ha-Tinh

I. — POSITION.

a) **Position régionale** : Au pied de la Chaine Annamitique, dans la vallée du Ngân-Pho.

b) **Repères avoisinants** : Concessions COUDOUX et BORDET (Maisons blanches).

c) **Environs** : Montagneux, dans le fond de la vallée, terrain mamelonné couvert de brousse, de café ou de rizières.

d) **Terrain lui-même** : Surélevé très plat et sec : jamais inondé dimensions 390×300.

e) **Obstacles** : Montagnes à l'Ouest et à l'Est ; seule direction possible d'atterrissage, le sens de la vallée.

f) **Cartes utilisables** : Carte provisoire au 1/500.000e.

II. — INSTALLATION — RESSOURCES DE DÉPANNAGE.

a) **Hangar** : Néant.

b) **Dépôt de matériel** : Néant.

c) **Dépôt de combustible** : Néant.

d) **Eau** : A proximité.

e) **Ateliers de réparation locaux** : S'adresser à la concession proche.

f) **Logement pour le personnel** :   id.

III. — COMMUNICATIONS.

a) **Routes existantes** : Route Napé-Vinh automobilable : du terrain à cette route 400 m. de sentier dont un bac.

b) **Voie ferrée** : Néant.

c) **Voie fluviale utilisable pour le transport** : Petits sampans sur le Ngân-Phô.

d) **Ressources locales** : Néant.

e) **Liaisons** : Télégraphe à Ha-Trai.

f) **Renseignements divers** : Pas de Médecin.

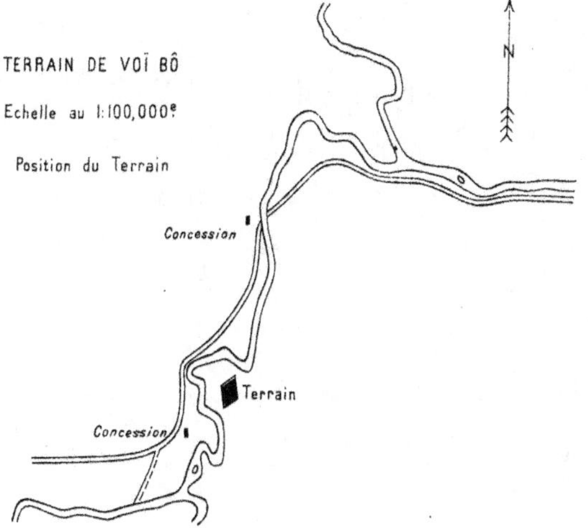

TERRAIN DE VOÏ BÔ
Echelle au 1:100,000e
Position du Terrain
N
Concession
Terrain
Concession

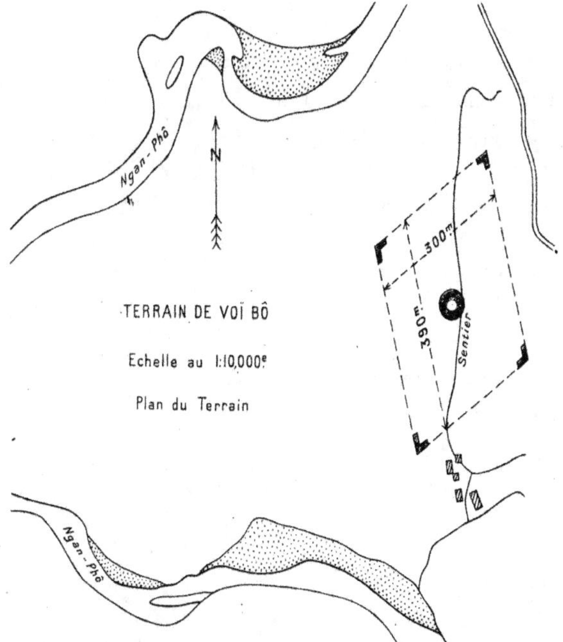

Ngan-Phô
N
TERRAIN DE VOÏ BÔ
Echelle au 1:10,000e
Plan du Terrain
300 m
390 m
Sentier
Ngan-Phô

Terrain de NA-PÉ

(Terrain de secours)

Province de Cammon (Laos)

I. — POSITION.

a) **Position régionale** : Terrain d'atterrissage situé à 100 m. à l'O. de Napé au S. de la rivière de Napé.

b) **Repères avoisinants :** Constructions blanches des Établissements LAPICQUE. — Poste de Milice, très visibles. - Route Coloniale.

c) **Environs** : au Nord Route Coloniale N° 8.

à l'Ouest Abatis d'arbres et petite rivière.

au Sud Petite rivière.

à l'Est Napé. — Mamelons de 50 m. d'altitude moyenne. — Montagnes assez éloignées au Nord et à l'Est et au Sud du terrain.

d) **Terrain lui-même :** Terrain aménagé sur d'anciennes rizières abandonnées. Dimension 450×200 (la plus grande longueur étant dans le sens des vents régnants.

e) **Obstacles** : à l'Est collines d'altitude de 50 m. Atterrissage possible dans une seule direction.

f) **Cartes utilisables :** Carte provisoire du Laos au 1/500.000e

II. — INSTALLATION — RESSOURCES DE DÉPANNAGE.

a) **Hangar :** Pas de hangar.

b) **Dépôt de matériel :** Pas de dépôt de matériel.

c) **Dépôt de combustibles :** Pas de dépôt de combustibles.

d) **Eau :** Rivière au Sud du terrain.

e) **Ateliers de réparation locaux :** Petit atelier des T. P.

f) **Logement pour le personnel** : Hôtel à la maison LAPICQUE.

III. — COMMUNICATIONS.

a) **Routes existantes :** Route coloniale de Napé à Vinh et vers Thakhèk.

b) **Voie ferrée :** Néant.

c) **Voie fluviale utilisable pour le transport :** Néant.

d) **Ressources locales :** Autos.

e) **Liaisons :** Ligne télégraphique.

f) **Renseignements divers** : Délégué du Résident à Napé. - Pas de Médecin.

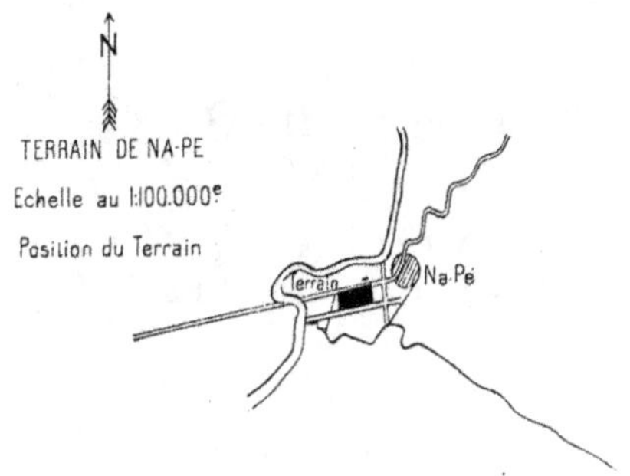

N
TERRAIN DE NA-PE
Echelle au 1:100.000e
Position du Terrain
Terrain
Na-Pé

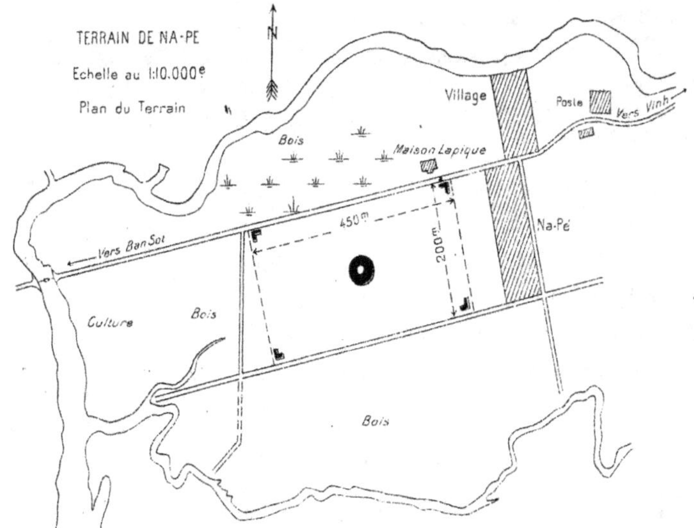

N
TERRAIN DE NA-PE
Echelle au 1:10.000e
Plan du Terrain
Village
Poste
Vers Vinh
Bois
Maison Lapique
Vers Ban Sot
450 m
200 m
Na-Pé
Culture
Bois
Bois

Terrain de THAKHÈK

(Terrain de secours)

Province de Cammon (Laos)

I. — POSITION.

a) **Position régionale**: Terrain d'atterrissage situé à 1 km E. de Thakhèk, E. du Mékhong.

b) **Repères avoisinants**: Le Mékhong. — Thakhèk.

c) **Environs**: Terrains couverts de forêts, dans les environs immédiats; en lisière Sud du terrain une zône d'abatis.

d) **Terrain lui-même**: Terrain de dimensions 400×400 constitué par une partie de forêt défrichée et dessouchée; pente générale légère vers le Sud.

e) **Obstacles**: Arbres de 15 mètres de haut à 100 mètres des lisières et dans tous les sens.

f) **Cartes utilisables**: Carte provisoire du Laos au 1/500.000e.

II. — INSTALLATION — RESSOURCES DE DÉPANNAGE.

a) **Hangar**: Un hangar de 16×16.

b) **Dépôt de matériel**: Petit dépôt contenant quelques rechanges avion et moteur.

c) **Dépôt de combustibles**: Dépôt constitué par l'Escadrille N° 2.

d) **Eau**: Point d'eau à Thakhèk: Le Mékhong.

e) **Ateliers de réparation locaux**: Atelier des T.P.

f) **Logement pour le personnel**: S'adresser au Commissaire du Gouvernement à Thakhèk,— Maisons de passagers.

III. — COMMUNICATIONS.

a) **Routes existantes**: Route de Thakhèk vers Nhommarat et Napé.

b) **Voie ferrée**: Néant.

c) **Voie fluviale utilisable pour le transport**: Le Mékhong appontements à Thakhèk.

d) **Ressources locales**: Charrettes à bœufs; 1 auto.

e) **Liaisons**: Bureau des P.T.T. à Thakhèk — Chaloupe hebdomadaire.

f) **Renseignements divers**: Commissaire du Gouvernement à Thakhèk. - Pas de Médecin.

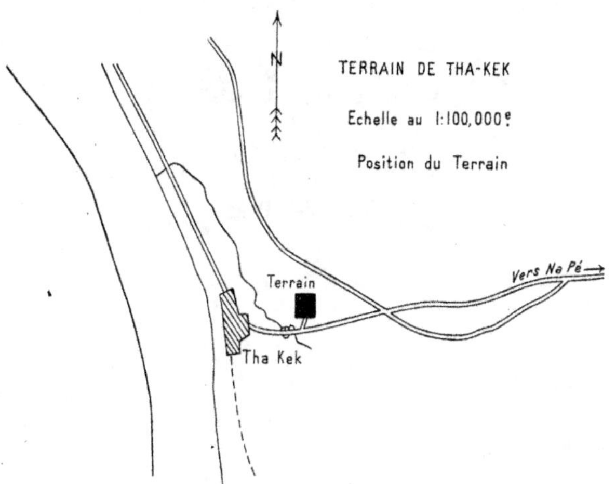

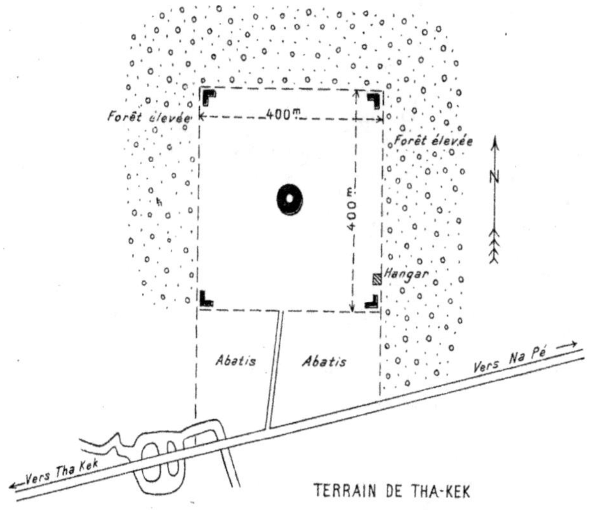

TERRAIN DE THA-KEK

Echelle au 1:10,000°

Plan du Terrain

Terrain de PAKSÉ

(Terrain de secours)

Province de Paksé

I. — POSITION.

a) **Position régionale:** Le terrain se trouve entre le Mékong et la Sédone sur un plateau élevé n'étant jamais inondé; il est situé à 2 km de la Résidence.

b) **Repères avoisinants:** Montagne isolée de Paksé sur la rive droite du Mékong; altitude 1200 m, confluent de la Sédone et du Mékong.

c) **Environs:** Forêt clairière.

d) **Terrain lui-même:** Sablonneux mais résistant, dimensions 400×400.

e) **Obstacles:** Néant.

f) **Cartes utilisables:** 1/500.000e (ancien).

II. — INSTALLATION — RESSOURCES DE DÉPANNAGE.

a) **Hangar:** Néant.

b) **Dépôt de matériel:** Néant.

c) **Dépôt de combustibles:** Néant.

d) **Eau:** à proximité.

e) **Ateliers de réparation locaux:** Ateliers des Travaux Publics et ateliers privés.

f) **Logement pour le personnel:** Maison de passagers.

III. — COMMUNICATIONS.

a) **Routes existantes:** Chemin d'accès jusqu'au passage de la Sédone qui se fait en pirogue.

b) **Voie ferrée:** Néant.

c) **Voie fluviale utilisable pour le transport:** Mékong.

d) **Ressources locales:** Charrettes.

e) **Liaisons:** Chaloupe hebdomadaire.

f) **Renseignements divers:** Résident. Médecin.

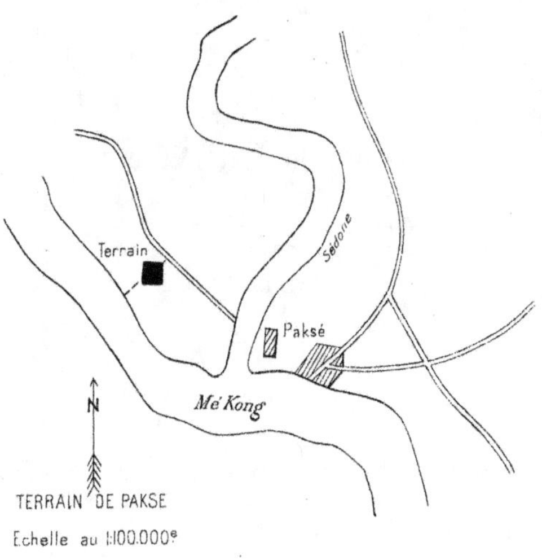

Terrain
Sédone
Paksé
Mé Kong
N
TERRAIN DE PAKSE
Echelle au 1:100.000e
Position du Terrain

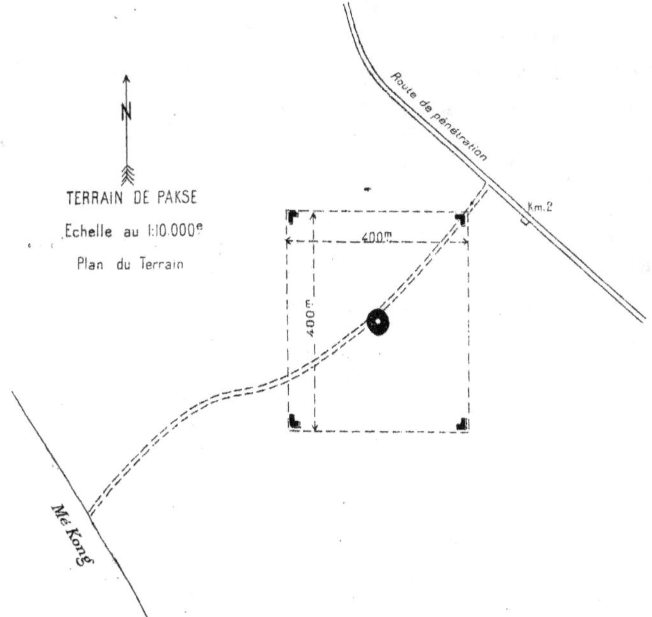

N
TERRAIN DE PAKSE
Echelle au 1:10.000e
Plan du Terrain
Route de pénétration
Km.2
400.m
400.m
Mé Kong

Terrain de KHONG

(Terrain de secours)

Province de Paksé (Laos)

I.— POSITION.

a) **Position régionale :** Terrain d'atterrissage situé au milieu de l'île de Khong sur le Mékhong (Contour très apparent).

b) **Repères avoisinants :** Le Mékhong — La Délégation.

c) **Environs :** Forêts — Clairière — Collines.

d) **Terrain lui-même :** Beau terrain de dimensions 400×400 aux abords suffisamment dégagés.

e) **Obstacles :** Ligne télégraphique en lisière du terrain au Nord.

f) **Cartes utilisables :** Carte au 1/500.000°.

II.— INSTALLATION — RESSOURCES DE DÉPANNAGE.

a) **Hangar :** Un hangar 16×12.

b) **Dépôt de matériel :** Pas de Dépôt.

c) **Dépôt de combustibles :** Pas de Dépôt.

d) **Eau :** A proximité immédiate.

e) **Ateliers de réparation locaux :** Petits ateliers des T. P.

f) **Logement pour le personnel :** S'adresser au Délégué à Khong.

III.— COMMUNICATIONS.

a) **Routes existantes :** Route provinciale en bordure du terrain (praticable aux autos).

b) **Voie ferrée :** Néant.

c) **Voie fluviale utilisable pour le transport :** Le Mékhong.

d) **Ressources locales :** Presque nulles ; utiliser le fleuve.

e) **Liaisons :** Bureau des P. T. T. à Khong.

f) **Renseignements divers :** Délégué à Khong — Pas de médecin.

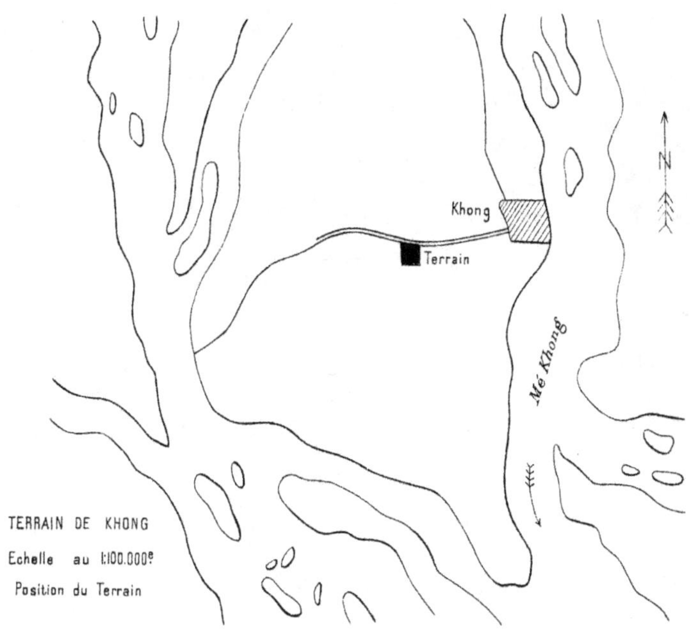

TERRAIN DE KHONG
Echelle au 1:100.000ᵉ
Position du Terrain

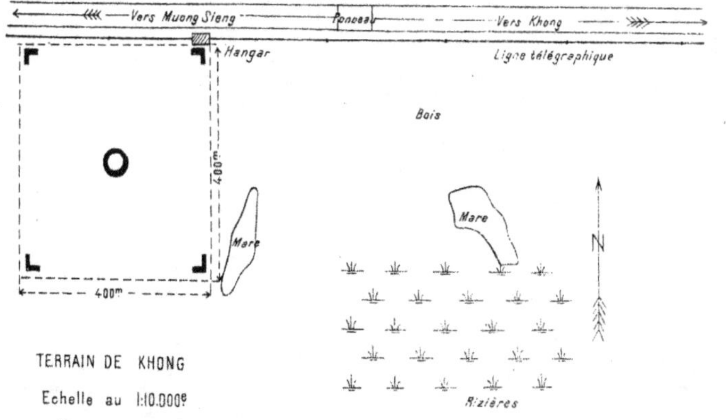

TERRAIN DE KHONG
Echelle au 1:10.000ᵉ
Plan du Terrain

73.

Terrain de SAMBOR

(Terrain de secours)

Province de Kratié (Cambodge)

I.— POSITION.

a) **Position régionale :** Terrain d'atterrissage situé à 13 km de Sambor et du Mékong et à 1.700 m. à l'Est de la route n° 16.

b) **Repères avoisinants :** Le Mékong et le village de Sambor à l'Ouest, l'extrémité Sud du cas Lomieu.

c) **Environs :** Rizières.

d) **Terrain lui-même :** Terrain d'atterrissage bien dégagé, sablonneux, dimensions 400×400.

e) **Obstacles :** Néant.

f) **Cartes utilisables :** Carte au 1/500.000.

II.— INSTALLATION – RESSOURCES DE DÉPANNAGE.

a) **Hangar :** Un hangar 16×9.

b) **Dépôt de matériel :** Pas de dépôt.

c) **Dépôt de combustibles :** Pas de Dépôt.

d) **Eau :** A proximité.

e) **Ateliers de réparation locaux :** Néant — S'adresser à Kratié 44 km.

f) **Logement pour le personnel :** S'adresser aux autorités indigènes de Sambor Balat fonctionnaire cambodgien.

III.— COMMUNICATIONS.

a) **Routes existantes :** Route provinciale n° 16 en construction en 1923, le point automobilable le plus proche est à 24 km du champ d'aviation.

b) **Voie ferrée :** Néant.

c) **Voie fluviale utilisable pour le transport :** Le Mékong (appontement à Sambor).

d) **Ressources locales :** Charrettes à bœuf.

e) **Liaisons :** Bureau des P.T.T. à Sambor.

f) **Renseignements divers :** Pas de Médecin.

N
Mé - Khong
Sambor
Terrain
TERRAIN DE SAMBOR
Echelle au 1:100.000e
Position du Terrain

Rizières et Broussailles
400m
400m
Hangar
Vers Sambor à 1.300m
N
TERRAIN DE SAMBOR
Echelle au 1:10.000e
Plan du Terrain

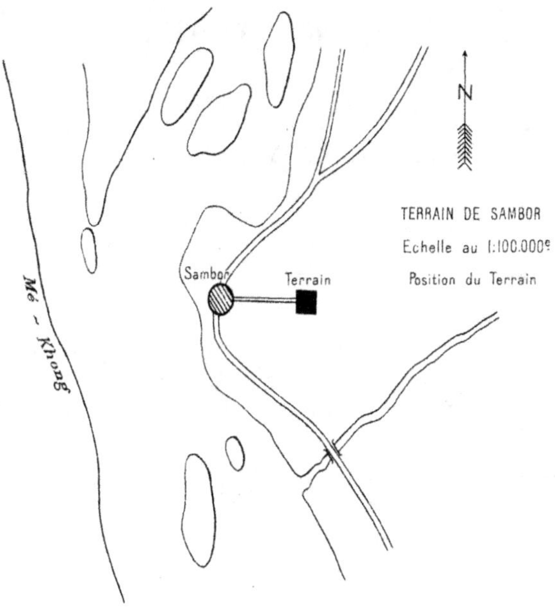

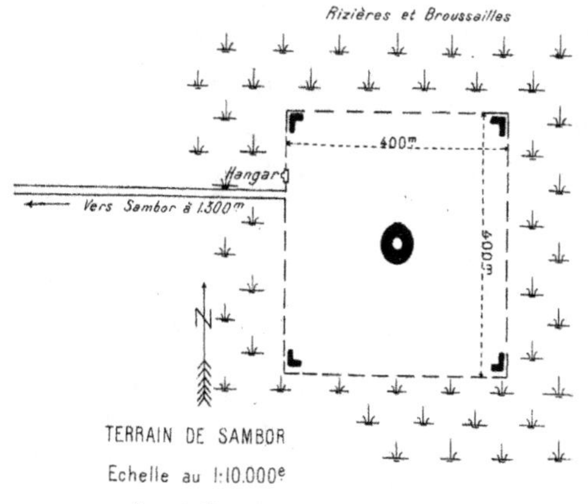

75.

Terrain de TAY-NINH

(Terrain de secours)

Province de Tây-Ninh (Cochinchine)

I. — POSITION

a) **Position régionale :** A 5 km Est-Sud-Est de Tây-Ninh, en bordure de la route haute de Saigon à Tây-Ninh à 10 km au Sud de la montagne de Tây-Ninh et situé entre deux forêts.

b) **Repères avoisinants :** Montagne de Tây-Ninh, Route haute Tây-Ninh — Saigon.

c) **Environs :** Boisés.

d) **Terrain lui-même :** A la forme d'un trapèze rectangle dont la plus grande longueur 500 m, est orientée N.-E.-S.-O. — Sol souvent inondé.

e) **Obstacles :** La forêt sur les grands côtés.

f) **Cartes utilisables :** Cartes aux 1/500.000 et 1/100.000.

II. — INSTALLATION — RESSOURCES DE DÉPANNAGE.

a) **Hangar :** Néant.

b) **Dépôt de matériel :** Néant.

c) **Dépôt de combustibles :** Néant.

d) **Eau :** A Tây-Ninh.

e) **Ateliers de réparation locaux :** Ateliers de Travaux Publics.

f) **Logement pour le personnel :** Bungalow à Tây-Ninh.

III. — COMMUNICATIONS.

a) **Routes existantes :** Route haute entre Saigon et Tây-Ninh praticable aux automobiles.

b) **Voie ferrée :** Néant.

c) **Voie fluviale utilisable pour le transport :** Sampans par le Vaico.

d) **Ressources locales :** Autos, charrettes.

e) **Liaisons :** Bureau des P.T.T. à Tây-Ninh.

f) **Renseignements divers :** Tây-Ninh (Chef-Lieu de Province).—Un Administrateur, un Médecin, Une Garnison.

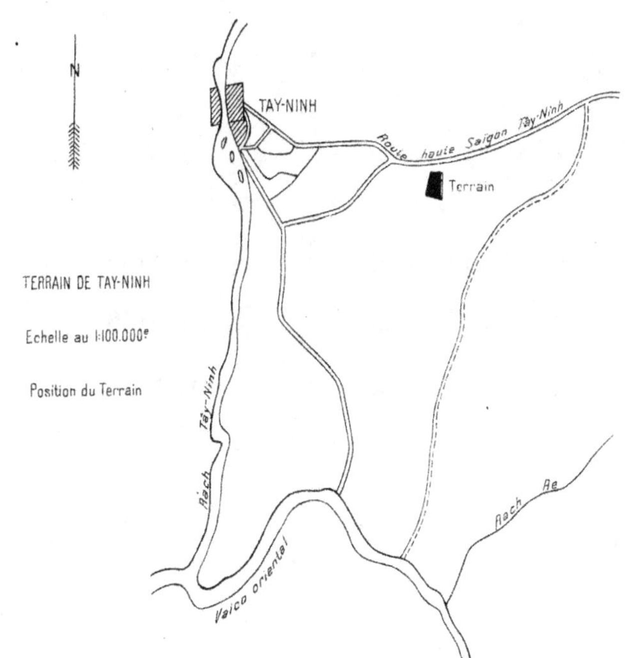

N
TAY-NINH
Route haute Saigon Tây-Ninh
Terrain
Rach Tây-Ninh
Vaico oriental
Rach Re
TERRAIN DE TAY-NINH
Echelle au 1:100.000e
Position du Terrain

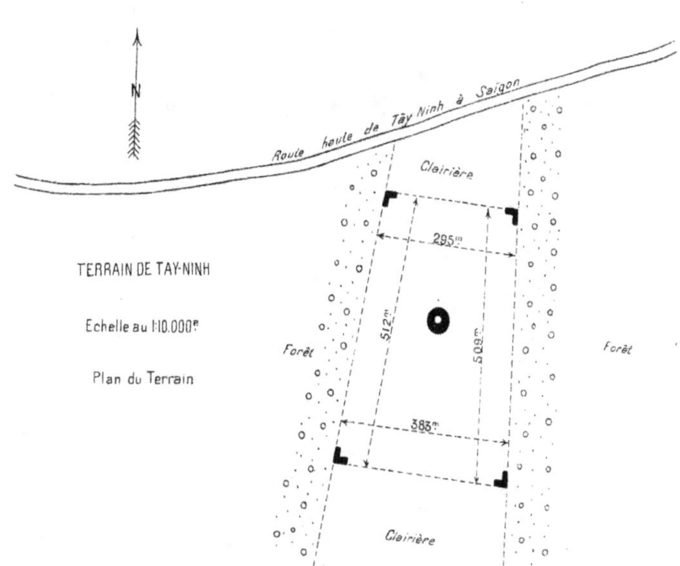

N
Route haute de Tây Ninh à Saigon
Clairière
295m
512m
509m
383m
Forêt
Forêt
Clairière
TERRAIN DE TAY-NINH
Echelle au 1:10.000e
Plan du Terrain

Points d'amerrissage recommandés
sur le parcours HANOI-SAIGON
par le MÉKONG

Jusqu'à Vinh se reporter à Hanoi - Saigon par la côte : le parcours est commun.

Tout le long du Mékong, amerrissage possible devant tous les centres dans les mêmes conditions ; se méfier du point de Khong où aux basses eaux, affleurent beaucoup de rochers.

Aucune installation : le halage des avions est facile sur les bancs de sable, en saison sèche.

3° — LIGNE SAIGON - SISOPHON

SAIGON (Phu-Tho)
TRANG-BANG
SOAI-RIENG
BA-PNOM
PNOM-PHENH

KOMPONG-CHNANG
PURSAT
MOUNG
BATTAMBANG
SISOPHON

Distance de **SAIGON** à **SISOPHON** : 510 kilomètres.

Le terrain de **SAIGON** (Phu-Tho) est déjà décrit page 58 ; s'y reporter.

APERÇU GÉNÉRAL DU PARCOURS

D'un bout à l'autre, le pays est plat. Après les rizières de Cochinchine, ce sont les étendues désertes de la plaine des joncs, très marécageuse en été, couverte en hiver d'herbe rousse qui cache souvent un sol inégal et des termilières. Le sol du Cambodge garde, en moins désolé, ce caractère jusqu'au Mékhong, atteint près de Banam, point auprès duquel s'élève la montagne dite de Banam repère précieux au milieu du pays uniformément plat, aperçu dès le moment où laissant la montagne de Tây-Ninh à sa droite, on prend la direction de l'Ouest.

De Banam, on suit le Mékhong pour découvrir bientôt le carrefour des 4 voies d'eau où se trouve Pnom-Phenh, signalé en outre par les flèches d'or de ses palais et de ses pagodes.

De Pnom-Phenh la voie aérienne suit la route coloniale, entre le Tonle-Sap à droite, les monts des Cardamones à gauche.

Le pays est plat, peu cultivé sauf au voisinage immédiat des rivières le long desquelles se groupent les habitations.

Les rivières traversées dans cette dernière région sont peu larges, insuffisantes pour un hydravion ; d'autre part le Tonle-Sap est souvent agité de tempêtes violentes qui ne rendent pas sans danger son utilisation courante par les hydravions à flotteurs.

Enfin l'immense développement de la surface du Tonle-Sap aux hautes eaux laissé subsister les zônes marécageuses, malsaines et inhabitées.

Le prolongement de la voie vers Bangkok impose le survol d'une région siamoise sans grande population, mamelonnée et couverte de forêts ; le seuil entre les eaux qui s'écoulent au Grand-Lac et celles de la Ménam Tra-Ken est peu élevé.

Terrain de **TRANG-BANG**

(Terrain de secours)

Province de Tay-Ninh (Cochinchine)

I. — POSITION.

a) **Position régionale**: Terrain d'atterrissage situé à 4 km Nord de Trang-Bang à l'Est de la route Trang-Bang, Bung-Binh et au Nord de la route coloniale n° 1.

b) **Repères avoisinants**: Rivière de Trang-Bang. Route coloniale n° 1.

c) **Environs**: Rizières

d) **Terrain lui-même**: Terrain bien dégagé en tous sens ; atterrissable en toutes saisons. Dimensions 400×400.

e) **Obstacles**: Néant.

f) **Cartes utilisables**: Carte provisoire au 1 100.000.

II. — INSTALLATION — RESSOURCES DE DÉPANNAGE.

a) **Hangar**: Pas de hangar.

b) **Dépôt de matériel**: Pas de dépôt.

c) **Dépôt de combustibles**: Pas de dépôt.

d) **Eau**: à Trang-Bang.

e) **Ateliers de réparation locaux**: Petit atelier des Travaux Publics.

f) **Logement pour le personnel**: S'adresser au Délégué de Trang-Bang.

III. — COMMUNICATIONS.

a) **Routes existantes**: Route Tây-Ninh - Saigon praticable aux autos. Route de Bung-Binh en bordure du terrain,

b) **Voie ferrée**: Néant.

c) **Voie fluviale utilisable pour le transport**: Néant.

d) **Ressources locales**: Autos et charrettes.

e) **Liaisons**: Bureau des P.T.T. à Trang-Bang - Service quotidien régulier d'autos de ou vers Saigon.

f) **Renseignements divers**: Un Délégué à Trang-Bang ; un médecin à Trang-Bang.

TERRAIN DE TRANG-BANG
Echelle au 1:100.000ᵉ
Position du Terrain
Bung Binh
Route Provinciale Nº5
Route de Bung Binh
Suôi Cau-Thuong
Route C'iale
Route Trang Bang
TRANG-BANG
Nº 1
N

TERRAIN DE TRANG-BANG
Echelle au 1:10.000ᵉ
Plan du Terrain
N
Village
Bois
Bois
Bois
Tombeaux
Route de Trang Bang à Thudaumot
Village
400ᵐ
400ᵐ

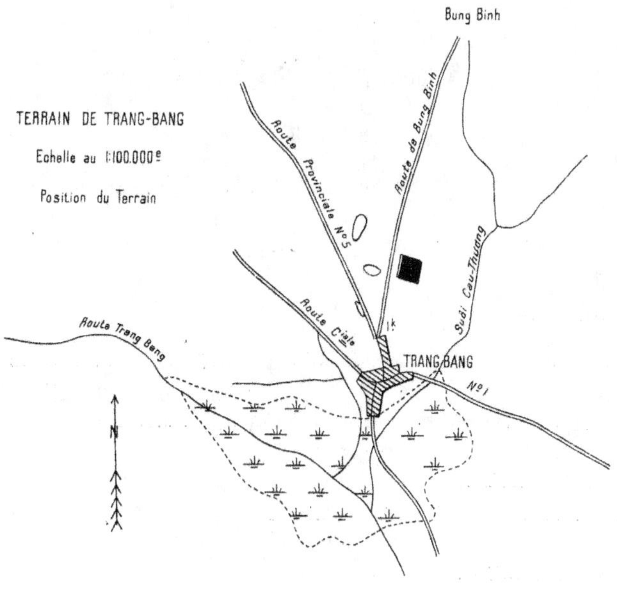

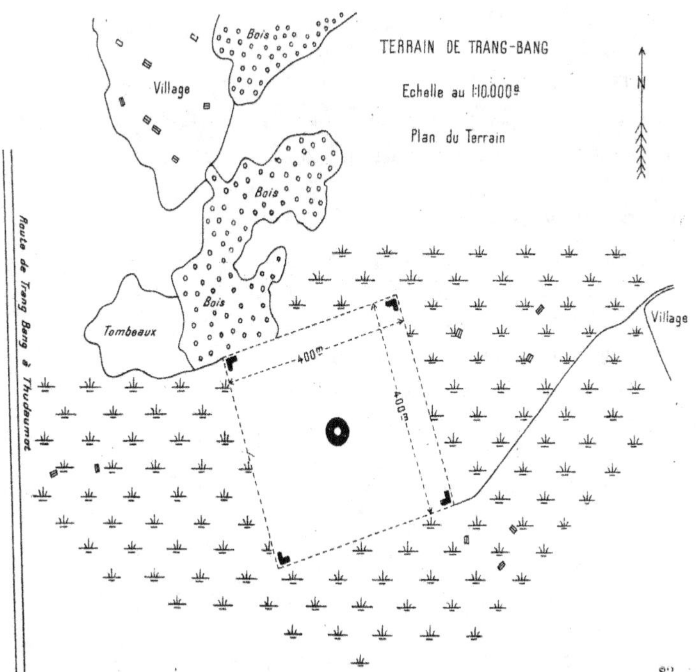

83.

Terrain de SOAI-RIENG

(Terrain de secours)

Province de Soai-Rieng (Cambodge)

I.— POSITION.

a) **Position régionale** : Terrain d'atterrissage situé à 500 m. à l'Ouest de la Résidence de Soai-Rieng et à 300 m. au Sud de la route Saigon Pnom-Penh.

b) **Repères avoisinants** : Résidence de Soai-Rieng. Grande mare se trouvant à l'Est du terrain.

c) **Environs** : Rizières.

d) **Terrain lui-même** : Terrain d'atterrissage de dimension 400×400. Sol argileux. Terrain inondé pendant la saison des pluies,

e) **Obstacles** : Néant.

f) **Cartes utilisables** : Carte irrégulière au 1/100.000e et au 1/500.000e.

II.— INSTALLATION — RESSOURCES DE DÉPANNAGE.

a) **Hangar** : Néant.

b) **Dépôt de matériel** : Pas de dépôt.

c) **Dépôt de combustibles** : Pas de dépôt.

d) **Eau** : A proximité.

e) **Ateliers de réparation locaux** : Atelier des T.P. à Soai-Rieng.

f) **Logement pour le personnel** : Bungalow.

III.— COMMUNICATIONS.

a) **Routes existantes** : Route à proximité immédiate du terrain Automobilable vers Saigon Banam et Tay-Ninh.

b) **Voie ferrée** : Néant.

c) **Voie fluviale utilisable pour le transport** : Néant.

d) **Ressources locales** : Charrettes — Autos.

e) **Liaisons** : Bureau des P.T.T. à Soai-Rieng — Service quotidien régulier d'Autos vers Saigon et Banam.

f) **Renseignements divers** : Résident à Soai-Rieng. Un Médecin.

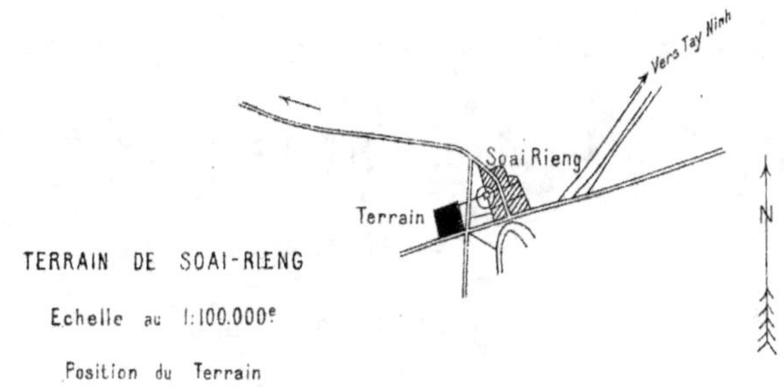

TERRAIN DE SOAI-RIENG

Echelle au 1:100.000e

Position du Terrain

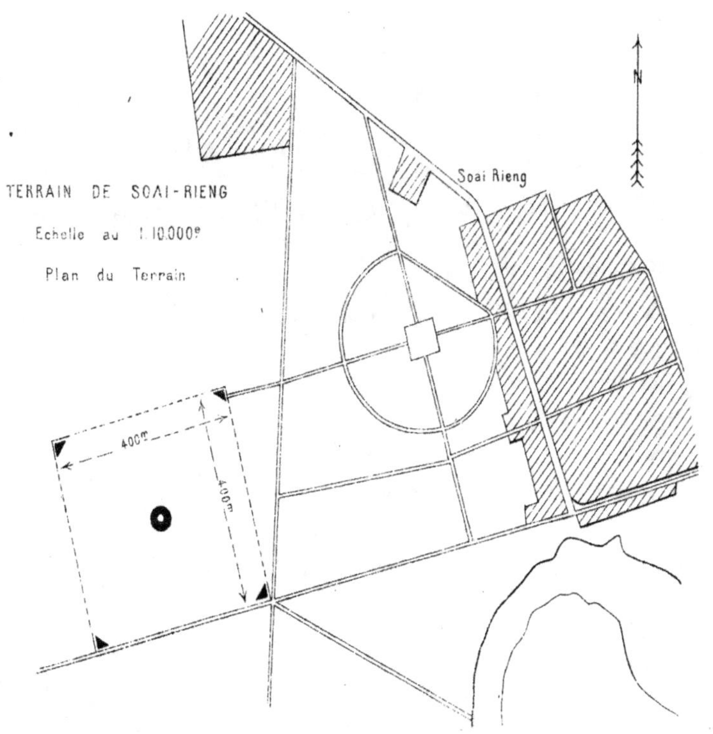

TERRAIN DE SOAI-RIENG

Echelle au 1:10.000e

Plan du Terrain

Terrain de BA-PHNOM

(Terrain de secours)

Province de Preyveng (Cambodge)

I.— POSITION.

a) **Position régionale :** 45 km Ouest de Soai-Rieng près le Khum Kapeu Bar.
A 200 mètres Sud de la Route de Saigon — Pnom-Penh.

b) **Repères avoisinants :** Le Khum Kapeu Bar ; pas de repère bien net.

c) **Environs :** Rizières et palmiers à sucre.

d) **Terrain lui-même :** Anciennes rizières : très plat ; très rarement inondé ; pas de pente ; dimensions 400×400.

e) **Obstacles :** Néant.

f) **Cartes utilisables :** 1/500.000ᵉ 1/100.000ᵐ. (irrégulières).

II.— INSTALLATION — RESSOURCES DE DÉPANNAGE.

a) **Hangar :** Néant.

b) **Dépôt de matériel :** Néant.

c) **Dépôt de combustibles :** Néant.

d) **Eau :** A proximité.

e) **Ateliers de réparation locaux :** Néant.

f) **Logement pour le personnel :** S'adresser au chef de village le plus proche.

III.— COMMUNICATIONS.

a) **Routes existantes :** Route automobilable Saigon — Pnom-Penh.

b) **Voie ferrée :** Néant.

c) **Voie fluviale utilisable pour le transport :** Néant.

d) **Ressources locales :** Charrettes.

e) **Liaisons :** Un bureau de poste à Kompong Trabek (pas de télégraphie).

f) **Renseignements divers :** Pays sans ressources. Pas de médecin.

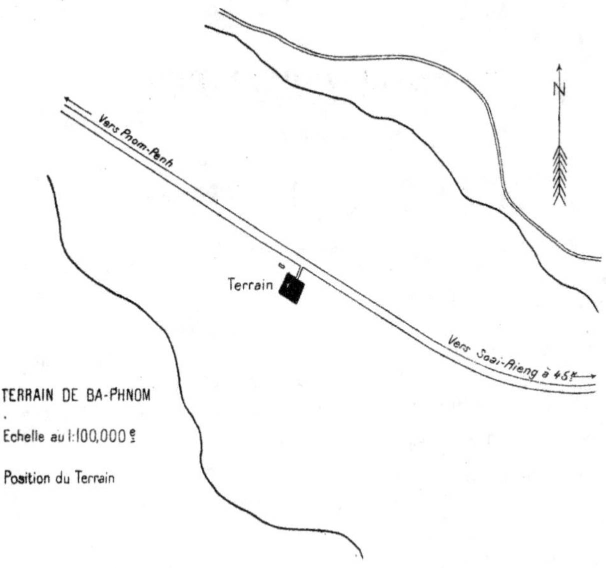

TERRAIN DE BA-PHNOM

Echelle au 1:100,000ᵉ

Position du Terrain

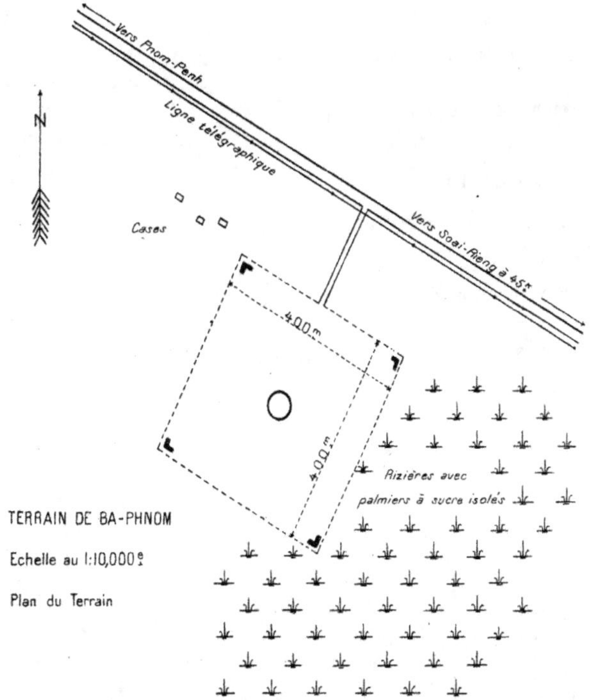

TERRAIN DE BA-PHNOM

Echelle au 1:10,000ᵉ

Plan du Terrain

Terrain de **PNOM-PENH**

(Terrain de secours)
Province de Pnom-Penh (Cambodge)

I. — POSITION.

a) **Position régionale :** Terrain d'atterrissage situé à 2 k. O. de Pnom-Penh séparé du champ de Courses par une route.

b) **Repères avoisinants :** Ville de Pnom-Penh, et le Mékong. — Champ de Courses.

c) **Environs :** Rizières et marais, routes en remblai.

d) **Terrain lui-même :** Terrain d'atterrissage, de dimensions 400×400 régulièrement inondé pendant la saison des pluies.

e) **Obstacles :** Néant.

f) **Cartes utilisables :** Cartes régulières au 1/100.000^e — irrégulières au 1/500.000^e.

II. — INSTALLATION — RESSOURCES DE DÉPANNAGE.

a) **Hangar :** Pas de hangar.

b) **Dépôt de matériel :** Pas de Dépôt de matériel.

c) **Dépôt de combustibles :** Dépôt de la Franco Asiatic à Pnom-Penh.

d) **Eau :** A proximité.

e) **Ateliers de réparation locaux :** Garages permettant d'effectuer des réparations. Ecole professionnelle. — Atelier des T. P.

f) **Logement pour le personnel :** Hôtels à Pnom-Penh.

III. — COMMUNICATIONS.

a) **Routes existantes :** Route en bordure du terrain praticable aux autos.

b) **Voie ferrée :** Néant.

c) **Voie fluviale utilisable pour le transport :** Mékong appontements à Pnom-Penh (Chaloupes des Messageries Fluviales)

d) **Ressources locales :** Autos, Charrettes. Sampans et Chaloupes.

e) **Liaisons :** Bureau des P.T.T. à Pnom-Penh — Liaisons de toutes sortes avec Saigon et l'intérieur.

f) **Renseignements divers :** Résident Supérieur et Résident de Pnom-Penh ; garnison hôpital et médecins.

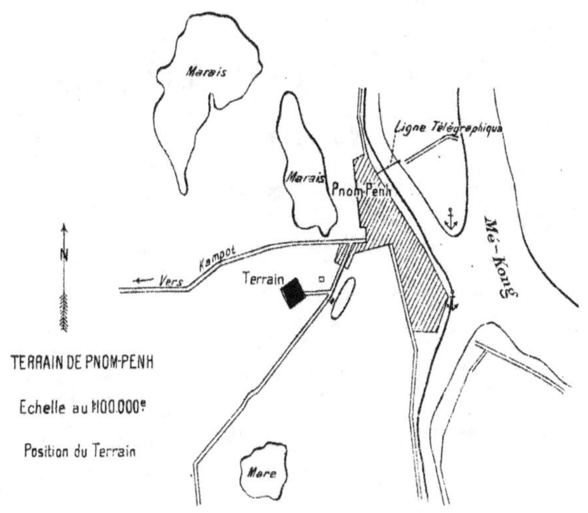

TERRAIN DE PNOM-PENH

Echelle au 1:100.000⁵

Position du Terrain

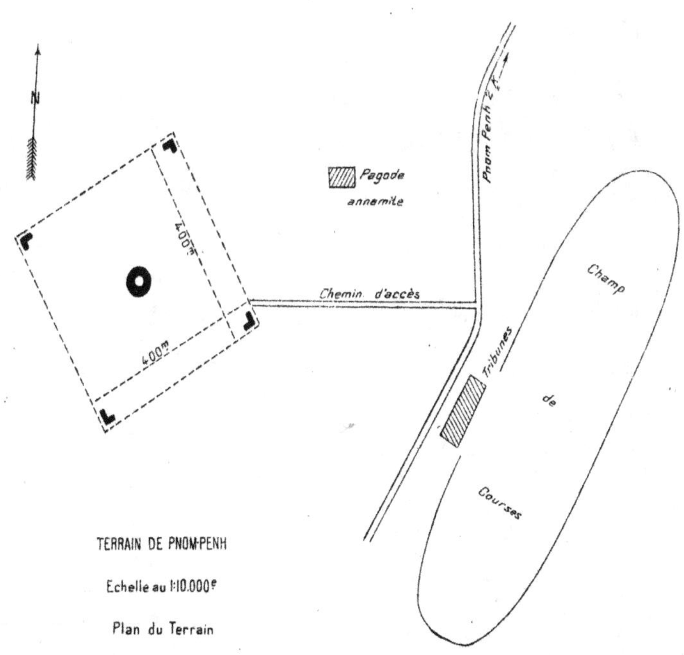

TERRAIN DE PNOM-PENH

Echelle au 1:10.000⁵

Plan du Terrain

Terrain de **KOMPONG-CHNANG**

(Terrain de secours)

Province de Kompong-Chnang

I.— POSITION.

a) **Position régionale** : 1 klm Ouest de la Résidence de Kompong-Chnang au Sud et en lisière de la route Pnom-Penh Battambang.

b) **Repères avoisinants** : à l'Est la ville, le fleuve ; à l'Ouest la côte 265. massif isolé.

c) **Environs** : Agglomération et arbres élevés à l'Est ; le reste rizières avec de nombreux palmiers à sucre.

d) **Terrain lui-même** : Anciennes rizières ; rarement inondé ; très plat ; dimensions 400×400.

e) **Obstacles** : Ligne télégraphique au Nord. — Nombreux palmiers à sucre.

f) **Cartes utilisables** : 1/100.000 et 1/200.000°.

II.— INSTALLATION — RESSOURCES DE DÉPANNAGE.

a) **Hangar** : Néant.

b) **Dépôt de matériel** : Néant.

c) **Dépôt de combustibles** : Néant.

d) **Eau** : A proximité.

e) **Ateliers de réparation locaux** : Atelier des T. P.

f) **Logement pour le personnel** : Bungalow

III.— COMMUNICATIONS.

a) **Routes existantes** : Route auto en lisière toutes directions.

b) **Voie ferrée** : Néant.

c) **Voie fluviale utilisable pour le transport** : Embarcadère pour chaloupes à 2 klm de Komponh-Chnang.

d) **Ressources locales** : Autos, charrettes.

e) **Liaisons** : Quotidien de ou pour Pnom-Penh par auto.

f) **Renseignements divers** : Résident à Kompong-Chnang. — Un médecin.

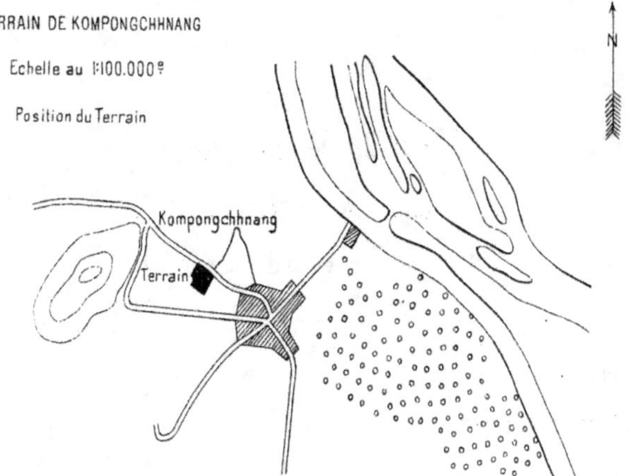

TERRAIN DE KOMPONGCHHNANG
Echelle au 1:100.000°
Position du Terrain
Kompongchhnang
Terrain
N

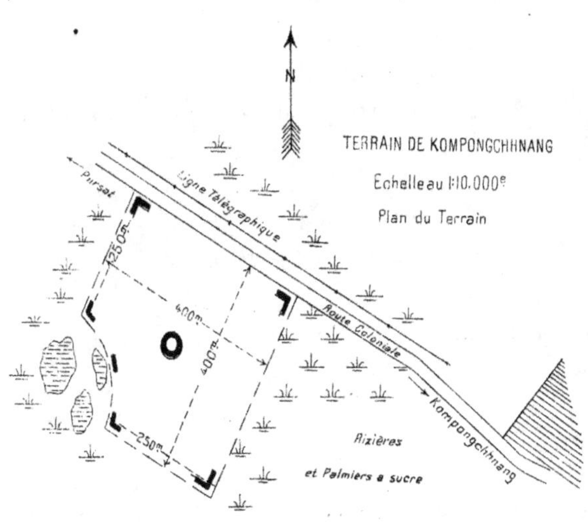

N
TERRAIN DE KOMPONGCHHNANG
Echelle au 1:10.000°
Plan du Terrain
Pursat
Ligne Télégraphique
Route Coloniale
Kompongchhnang
725,05
400m
400m
250m
Rizières
et Palmiers a sucre

Terrain de PURSAT

(Terrain de secours)

Province de Pursat (Cambodge)

I.— POSITION.

a) **Position régionale :** Terrain d'atterrissage situé à 500ᵐ à l'Ouest de Pursat (Résidence) au Nord de la route coloniale.

b) **Repères avoisinants :** Résidence de Pursat — Le Stung Pursat.

c) **Environs :** Terrains sablonneux incultes — quelques rizières; la ville avec de nombreux arbres.

d) **Terrain lui-même :** Terrain de dimensions 350×250 présentant une légère déclivité vers l'Est — n'est jamais inondé très dégagé.

e) **Obstacles :** Néant.

f) **Cartes utilisables :** Carte provisoire au 1/100.000ᵉ.

II.— INSTALLATION — RESSOURCES DE DÉPANNAGE.

a) **Hangar :** Néant.

b) **Dépôt de matériel :** Néant.

c) **Dépôt de combustibles :** Néant.

d) **Eau :** Le Stung Pursat à proximité.

e) **Ateliers de réparation locaux :** Ateliers de Travaux Publics à Pursat.

f) **Logement pour le personnel :** Bungalow.

III.— COMMUNICATIONS.

a) **Routes existantes :** Une route non empierré contourne le terrain rejoignant la route de Pursat à Battambang — Route coloniale Battambang -- Pnom-Penh.

b) **Voie ferrée :** Néant.

c) **Voie fluviale utilisable pour le transport :** Le Stung Pursat menant aux Grands Lacs.

d) **Ressources locales :** Charrettes et autos.

e) **Liaisons :** Bureau des Postes et Télégraphes à Pursat.

f) **Renseignements divers :** Résident à Pursat — Un Médecin.

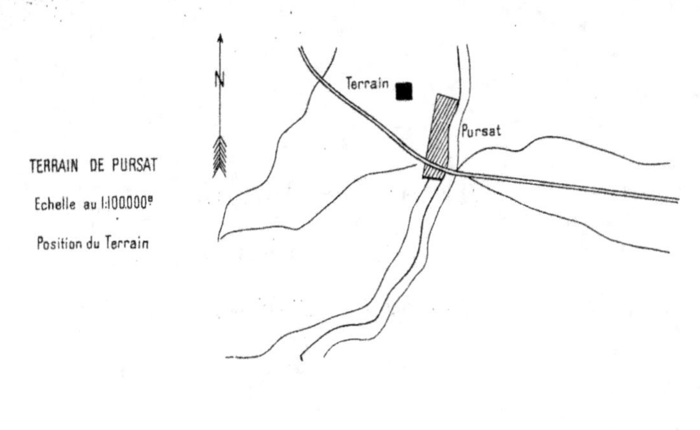

TERRAIN DE PURSAT

Echelle au 1:100.000e

Position du Terrain

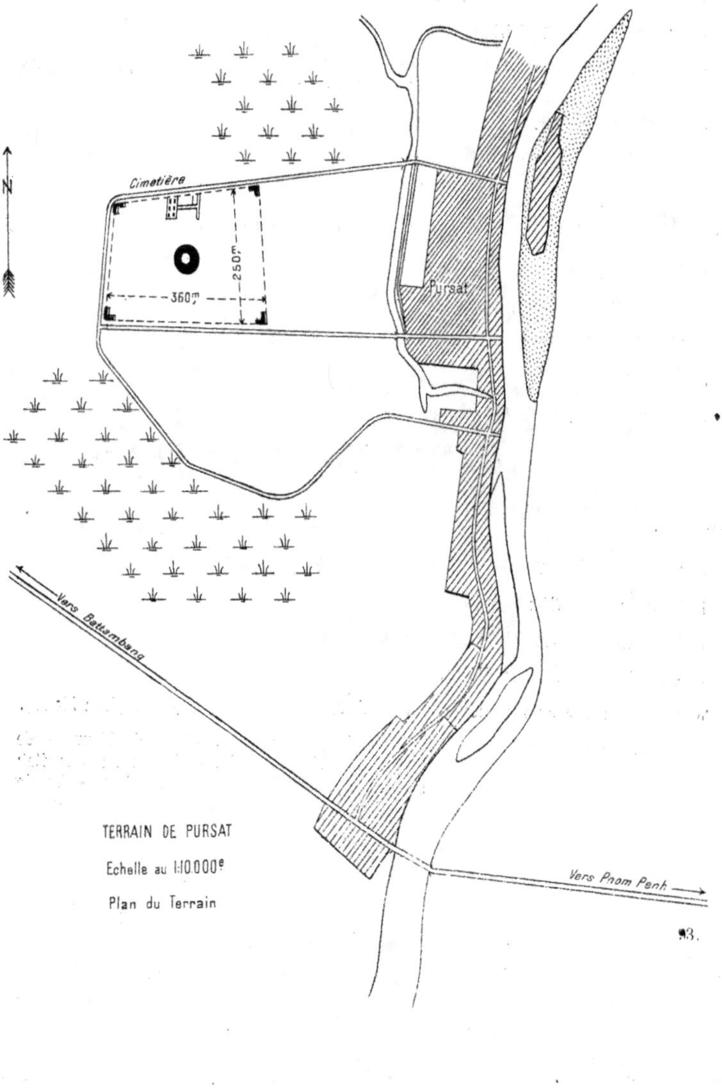

TERRAIN DE PURSAT

Echelle au 1:10.000e

Plan du Terrain

Terrain de MOUNG

(Terrain de secours)

Province de Battambang

I. — POSITION.

a) **Position régionale**: Au sud de la route coloniale Saigon-Battambang à 50 km. de Pursat, à 50 km. de Battambang.

b) **Repères avoisinants**: Rivière de Moung.

c) **Environs**: Forêt clairière, marais.

d) **Terrain lui-même**: Bon sol très plat, inondé chaque année, pas de pente, dimensions: 400×400.

e) **Obstacles**: Néant.

f) **Cartes utilisables**: 1/500.000ᵉ.

II. — INSTALLATION — RESSOURCES DE DÉPANNAGE.

a) **Hangar**: Néant.

b) **Dépôt de matériel**: Néant.

c) **Dépôt de combustibles**: Néant.

d) **Eau:** A proximité.

e) **Ateliers de réparation locaux**: Néant.

f) **Logement pour le personnel**: Cases indigènes au village de Moung.

III. — COMMUNICATIONS.

a) **Routes existantes**: Route auto de Pnom-Penh à Battambang.

b) **Voie ferrée**: Néant.

c) **Voie fluviale utilisable pour le transport**: Néant.

d) **Ressources locales**: Néant.

e) **Liaisons**: Par auto service sur Battambang et Pnom-Penh — Télégraphe à Moung.

f) **Renseignements divers**: Autorité indigène — Chef du village de Moung — Ce terrain est après chaque inondation, en mauvais état; s'informer près du Résident de Battambang — Pas de Médecin.

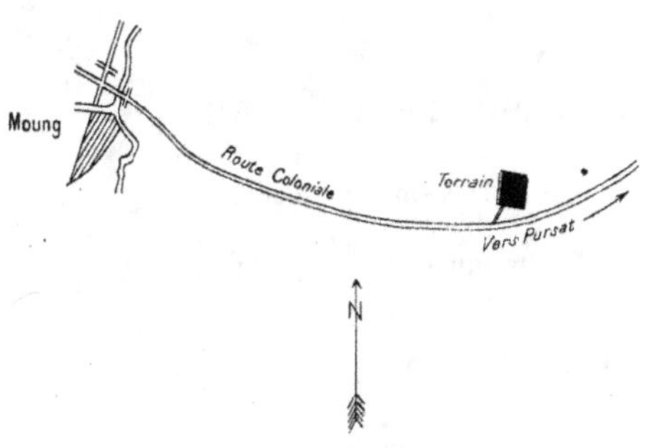

TERRAIN DE MOUNG

Echelle au 1:100,000ᵉ

Position du Terrain

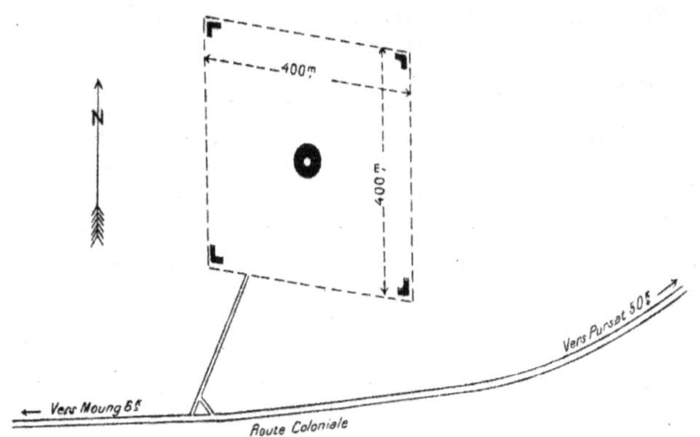

TERRAIN DE MOUNG

Echelle au 1:10,000ᵉ

Plan du Terrain

Terrain de BATTAMBANG

(Terrain de secours)

Province de Battambang

I. — POSITION.

a) **Position régionale :** A proximité et au Nord de la route Pursat-Battambang à 1.500 m. Est de cette ville.

b) **Repères avoisinants :** La ville de Battambang, la route, la rivière.

c) **Environs :** Anciennes rizières arbres en boquetaux; broussailles.

d) **Terrain lui-même :** Aucune rizière, très plat; pas de pente, difficile en saison des pluies, excellent en saison sèche — dimensions 400×400.

e) **Obstacles :** Tout autour mais à 200 ou 100 m. des limites du terrain arbres; ligne télégraphique au Sud.

f) **Cartes utilisables :** 1/500.000ᵉ.

II. — INSTALLATION — RESSOURCES DE DÉPANNAGE.

a) **Hangar :** Néant.

b) **Dépôt de matériel :** Néant.

c) **Dépôt de combustible :** A la Résidence.

d) **Eau :** A proximité.

e) **Ateliers de réparation locaux :** Ateliers des Travaux Publics.

f) **Logement pour le personnel :** Bungalow.

III. — COMMUNICATIONS.

a) **Routes existantes :** Route auto en lisière du terrain.

b) **Voie ferrée :** Néant.

c) **Voie fluviale utilisable pour le transport :** Rivière de Battambang, utilisable pour joncques et petites chaloupes.

d) **Ressources locales :** Autos et charrettes.

e) **Liaisons :** Bureau des P.T.T. à Battambang; service auto de ou pour Pnom-Penh tous les jours.

f) **Renseignements divers :** Un Résident, un Médecin, un hôpital, Garnison, Une compagnie.

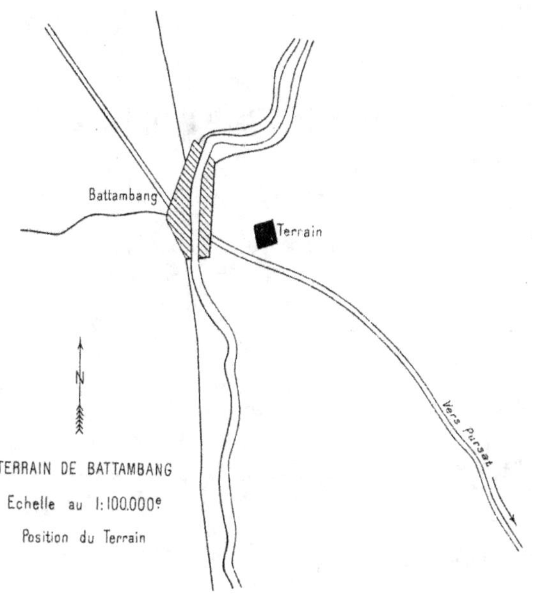

Battambang
Terrain
Vers Pursat
N
TERRAIN DE BATTAMBANG
Echelle au 1:100.000e
Position du Terrain

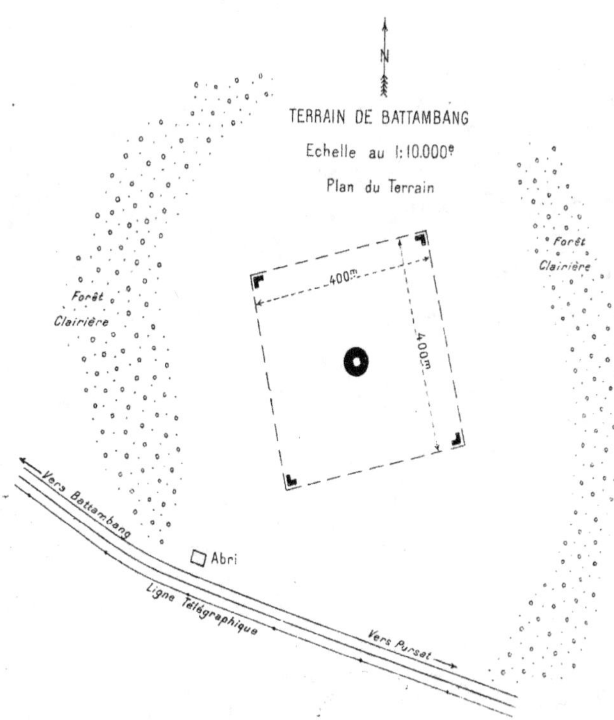

N
TERRAIN DE BATTAMBANG
Echelle au 1:10.000e
Plan du Terrain
Forêt
Clairière
Forêt
Clairière
400m
400m
Vers Battambang
Abri
Ligne Télégraphique
Vers Pursat

Terrain de SISOPHON

(Terrain de secours)

Province de Battambang

I. — POSITION

a) **Position régionale :** Situé à $2^{km}500$ Ouest de Sisophon, 150^m au Sud de la route Sisophon — Poipet.

b) **Repères avoisinants :** Ville de Sisophon à l'Est ; montagne loin dans le Nord petites éminences à l'Ouest, l'Est et au Sud du terrain.

c) **Environs :** Plats, mais couverts de forêts.

d) **Terrain lui-même :** Sec, s'en méfier pendant la saison des pluies ; abords suffisamment dégagés ; pente légère vers le sud.

e) **Obstacles :** Ligne télégraphique le long de la route.

f) **Cartes utilisables :** 1.500.000.

II. — INSTALLATION — RESSOURCES DE DÉPANNAGE.

a) **Hangar :** Néant.

b) **Dépôt de matériel :** Néant.

c) **Dépôt de combustibles :** Néant.

d) **Eau :** A proximité.

e) **Ateliers de réparation locaux :** Néant.

f) **Logement pour le personnel :** Bungalow.

III. — COMMUNICATIONS.

a) **Routes existantes :** Route Auto vers Battambang.

b) **Voie ferrée :** Néant.

c) **Voie fluviale utilisable pour le transport :** Chaloupes sur la rivière.

d) **Ressources locales :** Faibles ; charrettes.

e) **Liaisons :** Bureau des P.T.T., Autos.

f) **Renseignements divers :** S'adresser au Capitaine Commandant la Cie de tirailleurs Cambodgiens — pas de médecin — Terrain peu sûr ; rarement entretenu, se renseigner.

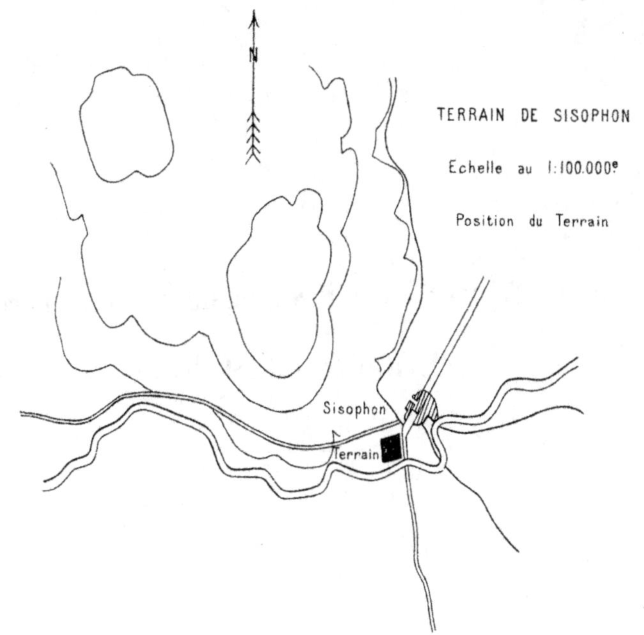
N
TERRAIN DE SISOPHON
Echelle au 1:100.000e
Position du Terrain
Sisophon
Terrain

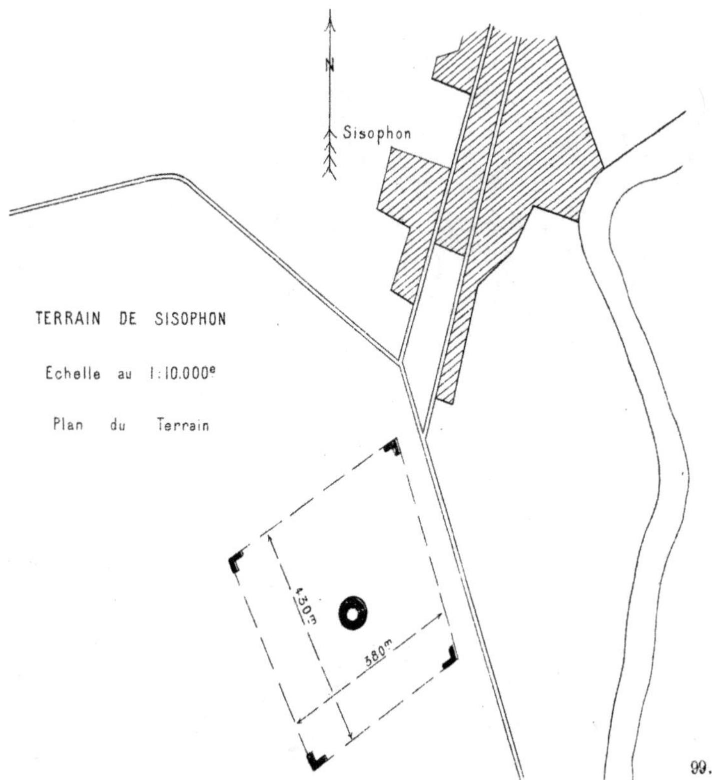
N
Sisophon
TERRAIN DE SISOPHON
Echelle au 1:10.000e
Plan du Terrain
430m
380m

Points d'amerrissage recommandés sur le parcours
SAIGON — SISOPHON

1· — Saigon.

2· — Banam, près du poste.

3· — Pnom-Penh, se méfier des fils télégraphiques qui traversent la rivière au nord; l'échouage est meilleur sur la rive gauche du Tonlé Sap.

4· — Sur le grand lac ressources faibles, à signaler la possibilité d'amerrir dans de bonnes conditions dans le Barai occidental, près d'Angkor; eau très calme; halage à terre possible. Aucune installation.

4° — LIGNE DU MÉKONG

SAIGON (Phu-Tho) THAKHEK

TAY-NINH PAKSANE (projeté)

SAMBOR VIENTIANE

KHONG LUANG-PRABANG (projeté)

PAKSÉ BAN-HOUEI-SAI (hydravions seulement)

Distance entre **SAIGON** et **BAN-HOUEI-SAI**

par cette voie est de : 1.630 kilomètres

Les terrains de **SAIGON, TAY-NINH. SAMBOR, KHONG, PAKSÉ, THAKHEK** ont été précédemment décrits, s'y reporter.

ASPECT GÉNÉRAL DU PARCOURS

Ligne du MÉKONG - SAIGON - LUANG-PRABANG

De Saigon à Thakhek, voie déjà décrite. De ce dernier point jusqu'à 50 kilomètres en amont de Vientiane, le fleuve est très large, le pays plat (la rive siamoise surtout) et les bancs de sable nombreux offrent à l'avion des surfaces à peu près planes suffisamment résistantes pour y espérer un atterrissage sans casse.

La forêt, sur la rive laotienne, vient jusque sur le fleuve mais elle laisse non loin de lui, d'assez nombreuses clairières dont certaines, en particulier entre Paksane et Vientiane, offrent de vastes champs unis très propices à l'atterrissage de l'avion en saison sèche.

Sur la droite, s'ouvrent vers l'Est la vallée profondément encaissée de la Nam-Ka-Dinh qui passe près de Napé et traverse une région de massifs calcaires ; vers le Nord, la Nam-San et la Nam-Nhièp ouvrant la route de Xieng-Khouang ; ces rivières coulent en torrents bordées à droite et à gauche de montagnes abruptes couverte de forêts, derniers contreforts de la série de massifs dont le plus élevé est le Pou-Bia (3.000).

A l'Ouest de Vientiane, le Mékong se resserre, ses rapides et ses méandres augmentent ; à droite et à gauche des montagnes élevées couvertes de forêts d'où émergent des blocs calcaires ne laissent aucune place pour un terrain d'atterrissage ; le pays est partout accidenté et désert ; à peine aperçoit-on, accrochées aux sommets ou sur les flancs escarpés des montagnes, quelques paillotes Méo qu'on ne découvrirait pas si elles n'étaient le centre d'un ray où les habitants cultivent leur riz de montagne et autres cultures ; à l'époque où ces rays sont en feu (avril) l'air est encombré de fumée qui diminue la visibilité oblique jusqu'à la rendre nulle en certains points malgré le soleil et le ciel sans nuages.

Il n'existe nulle route ; la forêt et la montagne partout.

Si l'on coupe le coude de Paklay, la traversée impose le passage d'une région de forêts sans population et d'un système montagneux de 12 à 1.500 mètres d'altitude.

Dans les environs de Luang-Prabang, sur la rive gauche, les montagnes s'écartent du fleuve, ménageant une petite plaine mamelonnée au milieu de laquelle s'élève la ville. Le coude du fleuve, le confluent de la Nam-Kham, le toit d'or qui surmonte le Pou-Si, au centre de la ville, facilitent le repérage.

En amont de Luang-Prabang, et jusqu'à Ban-Houei-Sai le fleuve est resserré entre ses deux rives montagneuses et les rapides sont nombreux.

Terrain de **VIENTIANE**

(Terrain de secours)

Province de Vientiane

I. — POSITION.

a) **Position régionale :** Situé à 4 klm O. de Vientiane en bordure N. de la route de Luang-Prabang. à proximité du Mékong.

b) **Repères avoisinants :** Le Fleuve, la route, la station d'essais bâtiments entourés de jardins).

c) **Environs :** Rizières, plus loin forêt.

d) **Terrain lui-même :** Bien plat, bon sol à l'abri des inondations dimensions 300×400.

e) **Obstacles :** Pagode et Bambous à l'Est ; quelques cases à l'Ouest ; route et jardins au Sud.

f) **Cartes utilisables :** Cartes au 1/500.000e.

II. — INSTALLATION — RESSOURCES DE DÉPANNAGE.

a) **Hangar :** Néant.

b) **Dépôt de matériel :** Dépôt à l'Ecole professionnelle.

c) **Dépôt de combustibles :** id.

d) **Eau :** A proximité.

e) **Ateliers de réparation locaux :** École Professionnelle — Atelier des T.P.

f) **Logement pour le personnel :** Hôtel à Vientiane.

III. — COMMUNICATIONS

a) **Routes existantes :** Route automobilable Vientiane-Tourakhom.

b) **Voie ferrée :** Néant.

c) **Voie fluviale utilisable pour le transport :** Mékong (Chaloupes).

d) **Ressources locales :** Autos, charrettes.

e) **Liaisons :** T.S.F. Bureau des P.T.T. Chaloupes régulières sur le Mékong.

f) **Renseignements divers :** Résident Supérieur à Vientiane. — Hôpital et Mèdecins.

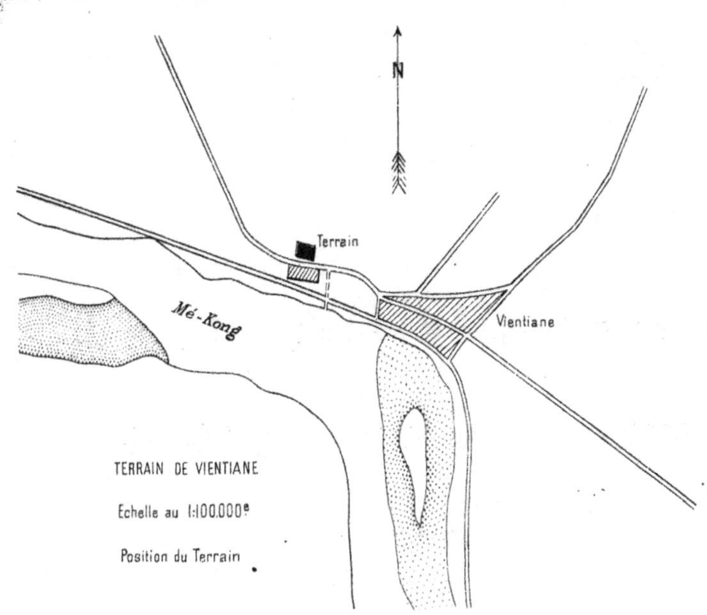

N
Terrain
Mé-Kong
Vientiane
TERRAIN DE VIENTIANE
Echelle au 1:100.000ᵉ
Position du Terrain

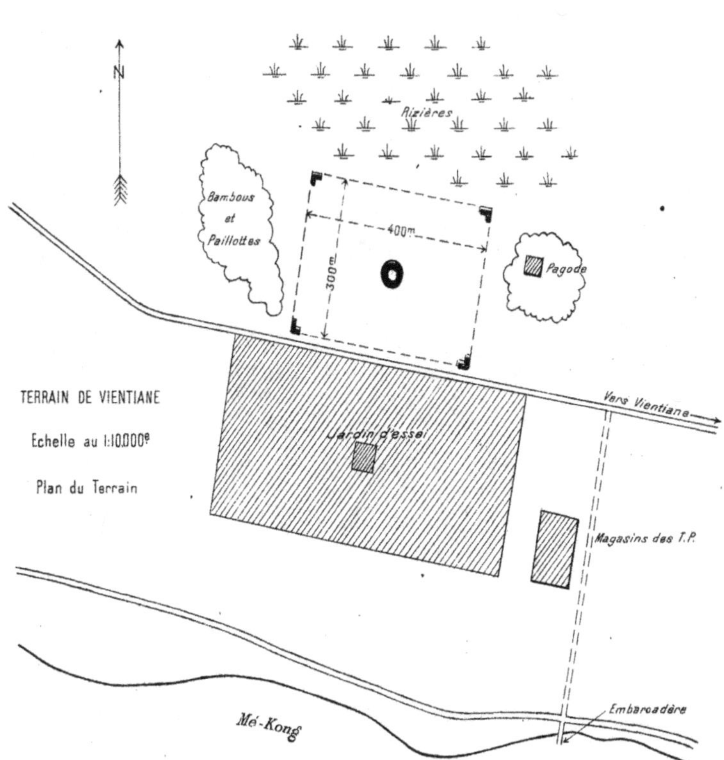

N
Rizières
Bambous
et
Paillottes
400m
300m
Pagode
TERRAIN DE VIENTIANE
Echelle au 1:10.000ᵉ
Plan du Terrain
Vers Vientiane
Jardin d'essai
Magasins des T.P.
Mé-Kong
Embarcadère

Points d'amerrissage recommandés sur le parcours

SAIGON — BAN-HOUEI-SAI sur le MÉKONG

Devant tous les postes du Mékong, sauf Khong, amerrissage facile ; au Nord de Vientiane, les rapides nombreux diminuent la sécurité ; à Luang-Prabang, bon point d'amerrissage. Aucune installation.

5° — LIGNE HANOI - LAO-KAY

BACH-MAI

PHU-THO

TONG

LAO-KAY

Distance entre **HANOI** et **LAO-KAY** : 260 kilomètres.

Le terrain de **BACH-MAI** a été précédemment décrit ; s'y reporter

ASPECT GÉNÉRAL DU PARCOURS

La voie suit constamment le Fleuve Rouge dont la vallée se resserre à mesure qu'on monte vers Lao-Kay-

Le Delta est quitté vers Viétri ; au Nord des cultures sur mamelons font bientôt place à la brousse ; le fleuve se rétrécit et les rapides augmentent, mais le voyage par hydravion est tout de même possible et plus pratique que par avion par suite du nombre insuffisant de terrains d'atterrissage en cette région.

Terrain de TONG

(Terrain de secours)

Province de Sontay (Tonkin)

I. — POSITION.

a) **Position régionale :** Terrain d'atterrissage situé à 5500 m, O. de Sontay, à 2 km 500 O. des casernements du camp de Tong.

b) **Repères avoisinants :** Sontay — Caserne de Tong à l'Est.

c) **Environs :** Légèrement mamelonnés et incultes.

d) **Terrain lui-même :** Plateau inculte, bien dégagé — légèrement bombé — dimensions 400×300.

e) **Obstacles :** Néant se méfier du ravin au Nord.

f) **Cartes utilisables :** Cartes régulières de la région au 1/100.000 et 1/500.000.

II. — INSTALLATION — RESSOURCES DE DÉPANNAGE.

a) **Hangar :** Un hangar 12×30 pouvant contenir 3 appareils entrant sur Decauville.

b) **Dépôt de matériel :** Néant.

c) **Dépôt de combustibles :** Néant.

d) **Eau :** A proximité.

e) **Ateliers de réparation locaux :** Ateliers des Travaux Publics.

f) **Logement pour le personnel :** S'adresser au Commandant d'Armes à Tong ou au Résident Chef de province à Sontay — Hôtel à Tong.

III. — COMMUNICATIONS.

a) **Routes existantes :** Route automobilable traversant le terrain et aboutissant à Sontay.

b) **Voie ferrée :** Néant.

c) **Voie fluviale utilisable pour le transport :** Fleuve-Rouge — Appontements à Sontay.

d) **Ressources locales :** Service régulier d'autos à Sontay pour Hanoi. — Ligne de chaloupes.

e) **Liaisons :** Bureau des P.T.T. à Sontay.

f) **Renseignements divers :** Résident à Sontay — Garnison à Tong — Médecin à Tong.

N
TERRAIN DE TONG
Echelle au 1:100.000e
Position du Terrain
Sơn-Tây
Vers Hanoi
Terrain

N
TERRAIN DE TONG
Echelle au 1:10.000e
Plan du Terrain
Hangar
400m
360m

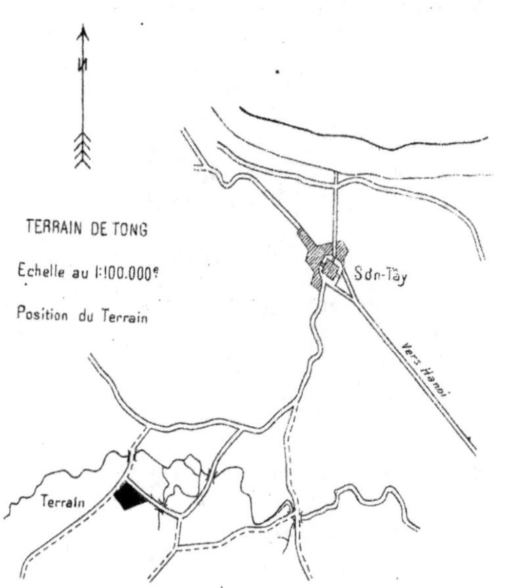

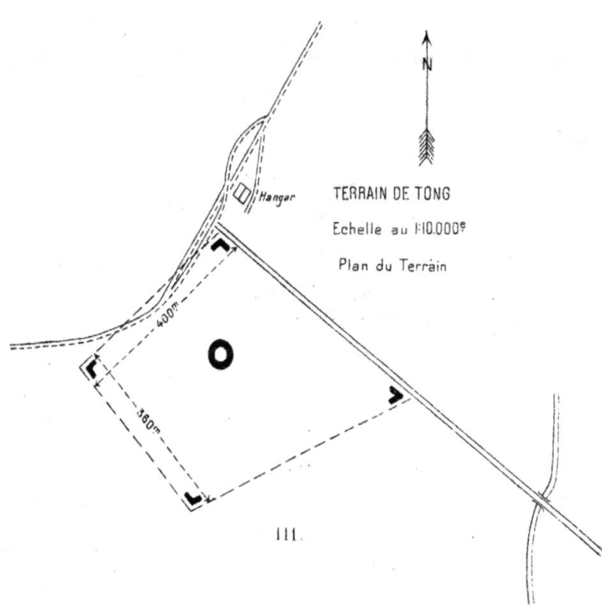

III.

Terrain de PHU-THO

Terrain de secours

Province de Phu-Tho

I. — POSITION.

a) **Position régionale :** Terrain d'atterrissage situé à 1 km O. de Phu-Tho en bordure S. de la voie ferrée Hanoï - Laokay.

b) **Repères avoisinants ;** Voie ferrée Phu-Tho à 1 km.— Bouche du Fleuve Rouge à 2 km.

c) **Environs :** Rizières.

d) **Terrain lui-même :** Terrain de forme rectangulaire de dimensions 450×200 atterrissable dans 2 sens seulement. Bombé au centre. — Légère déclivité dans la partie N. du terrain.

e) **Obstacles :** Côté N. ligne télégraphique en bordure N. du terrain.

f) **Cartes existantes :** Cartes régulières de la région au 1/100.000e et au 1/500 000e.

II.— INSTALLATION — RESSOURCES DE DÉPANNAGE.

a/ **Hangar :** Pas de hangar.

b) **Dépôt de matériel :** Néant.

c) **Dépôt de combustibles :** Néant.

d) **Eau :** A proximité.

e) **Ateliers de réparation locaux :** Ateliers des T.P. à Phu-Tho.

f) **Logement pour le personnel :** S'adresser au Résident Chef de Province à Phu-Tho.

III.— COMMUNICATIONS.

a) **Routes existantes :** Route de Anh-Duong à Phu-Tho en bordure N. du terrain.

b) **Voie ferrée :** En bordure N. du terrain (Gare de Phu-Tho à 1 k 500).

c) **Voie fluviale utilisable pour le transport :** Fleuve Rouge service régulier.

d) **Ressources locales :** Tous moyens de transport.

e) **Liaisons :** Bureau des P.T.T. à Phu-Tho.

f) **Renseignements divers :** Résident à Phu-Tho — Médecin à Phu-Tho.

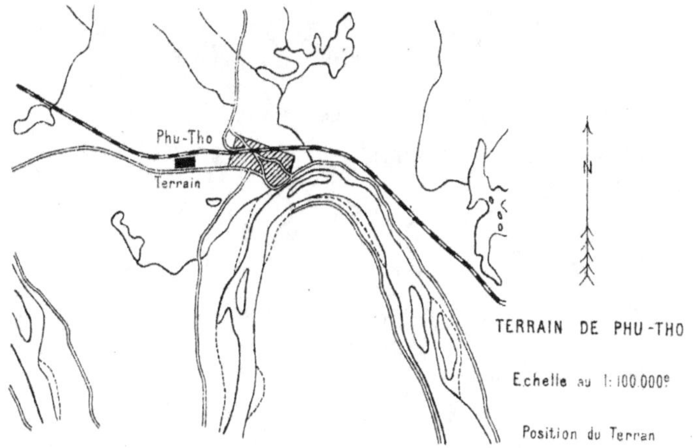

TERRAIN DE PHU-THO

Echelle au 1:100.000°

Position du Terrain

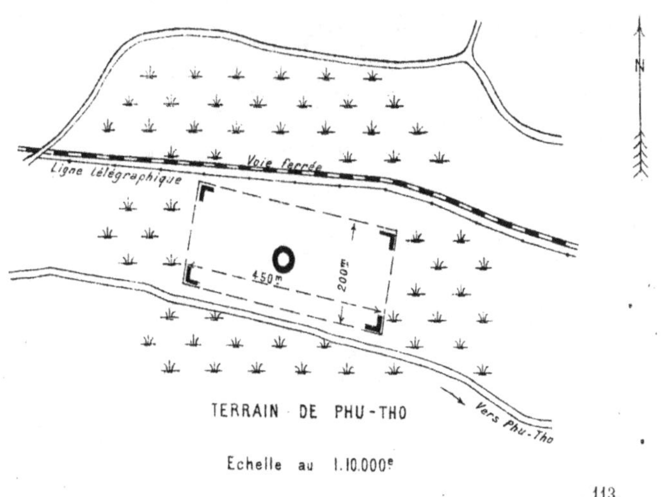

TERRAIN DE PHU-THO

Echelle au 1.10.000°

Plan du Terrain

113.

Terrain de LAO-KAY

(Terrain de secours)
Province de Lao-Kay

I. — POSITION.

a) **Position régionale**: En face de la Gare de Pho-Moi, sur la rive droite du Fleuve-Rouge ; 2 km Sud de Coc-Lêu-

b) **Repères avoisinants**: La Gare de Pho-Moi.

c) **Environs**: Petits mamelons élevés.

d) **Terrain lui-même**: Plateau très dégagé : terrain dur, légères denivellations ; dimensions 500×200 ; les 500 dans la direction des vents régnants, les 200 de large ne sont pas atteints par les extrémités.

e) **Obstacles**: Néant.

f) **Cartes utilisables**: 1/100.000e et 1/500.000e.

II. — INSTALLATION — RESSOURCES DE DÉPANNAGE.

a) **Hangar**: Néant.

b) **Dépôt de matériel**: Néant.

c) **Dépôt de combustibles**: Néant.

d) **Eau**: A proximité.

e) **Ateliers de réparation locaux**: Atelier des T. P. à Lao-Kay.

f) **Logement pour le personnel**: Hôtel à Lao-Kay

III. — COMMUNICATIONS.

a) **Routes existantes**: Route auto vers Lao-Kay.

b) **Voie ferrée**: Gare à Lao-Kay et Pho-Moi.

c) **Voie fluviale utilisable pour le transport**: Sampans sur le Fleuve.

d) **Ressources locales**: Chevaux de bât ; coolies porteurs.

e) **Liaisons**: Bureau des P. T. T. à Lao-Kay.

f) **Renseignements divers**: Résident à Lao-Kay — Garnison à Coc-Lêu — Médecin à Côc-Lêu. — Ce terrain n'est pas encore terminé à la date du 1er Janvier 1923, se renseigner.

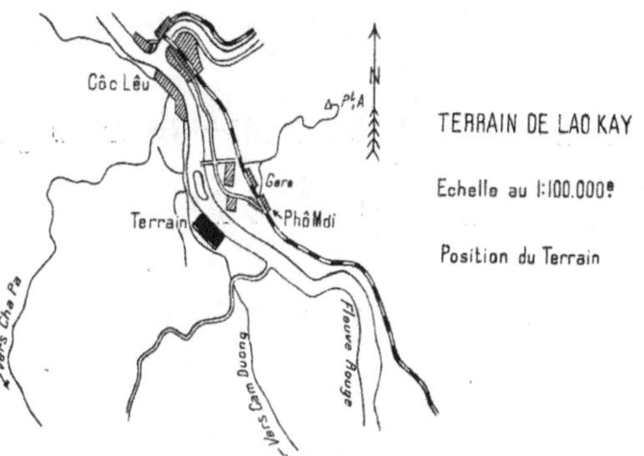

TERRAIN DE LAO KAY

Echelle au 1:100.000e

Position du Terrain

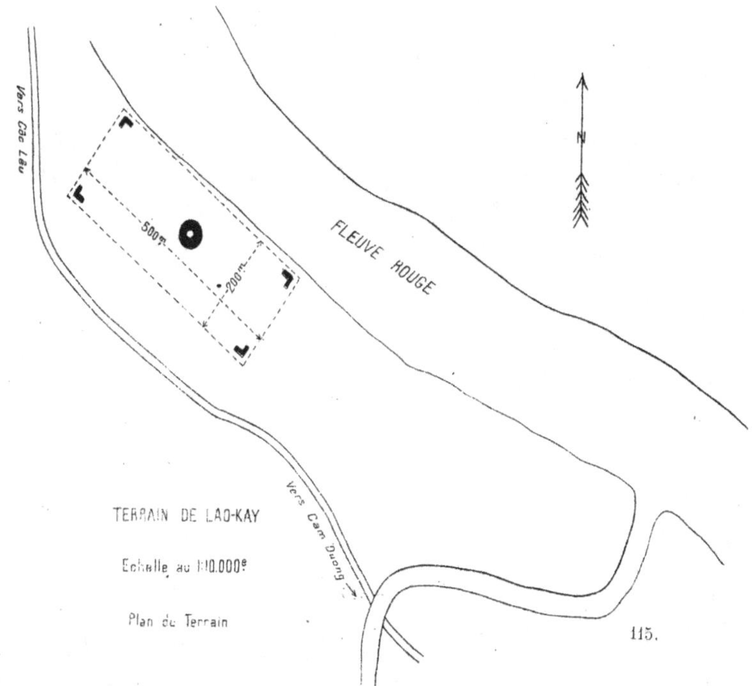

TERRAIN DE LAO-KAY

Echelle au 1:10.000e

Plan du Terrain

115.

Points d'Amerrissage recommandés sur le parcours
HANOI - LAO-KAY

1º Base du Grand Lac d'Hanoi (déjà décrite).

2º Viétri : amerrissage près du confluent des deux rivières, en face la Douane. Aucune installation.

3º Yên-Bay, devant la ville - Aucune installation.

4º Lao-Kay, devant Côc-Lêu ; Aucune installation.

6° — LIGNE HANOI LANG-SON - THAT-KHÊ

BACH-MAI   LANG-SON

PHU-LANG-THUONG   THAT-KHÊ

La distance entre **HANOI** et **THAT-KHÊ** par cette voie

est de : 196 kilomètres.

Le terrain de **BACH-MAI** a été précédemment décrit ; s'y reporter

ASPECT GÉNÉRAL DU PARCOURS

D'Hanoi à Phu-Lang-Thuong, rizières ; survol du Delta avec, comme seul accident notable le groupe Bac-Ninh Dap-Câu, la citadelle régulière et les collines connues sous le nom de « 99 sommets ».

De Phu-Lang-Thuong, moyenne région avec ses rizières dans les fonds, ses collines, ses forêts coupées d'étendues de brousse et de quelqúes cultures, jusqu'aux abords du massif calcaire du Cai-Kinh.

Ce massif, groupement de roches calcaires très étendu, est d'aspect particulièrement rébarbatif ; les pierres noircies descendent en parois verticales où s'accrochent quelques chétifs arbustes, ménageant entre elles, non des vallées, mais des cirques très étroits où passent quelques sentiers ; peu ou point de population.

La voie suit la ligne ferrée jusqu'à Lang-Son, longeant la lisière Sud du Cai-Kinh : des montagnes élevées dominent la ville bâtie au milieu d'une plaine cultivée en rizières et légèrement mamelonnée.

De Lang-Son à That-Khê, suivre le cours du Song-Ki-Kong, coulant encaissé entre des collines de moyenne hauteur.

Terrain de PHU-LANG-THUONG

(Terrain de secours)

Province de Bac-Giang

I. — POSITION.

a) **Position régionale :** Terrain d'atterrissage à 1 km. N.E. de Phu-Lang-Thuong non loin de la voie ferrée Hanoi-Langson.

b) **Repères avoisinants :** Ville de Phu-Lang-Thuong — Voie ferrée.

c) **Environs :** Plaine de rizières.

d) **Terrain lui-même :** Ancien champ de courses rectangle arrondi aux angles dont la plus grande dimension est orientée Est Ouest — Très plat — Dimensions grand axe 450 m. — petit axe 250 m. — Bon terrain — Atterrissable en tout temps.

e) **Obstacles :** Côté N. Bâtiments militaires — Côte S. ligne télégraphique en bordure de la voie ferrée et de la route.

f) **Cartes utilisables :** Cartes régulières de la région au 1/100.000 et au 1/500.000.

II. — INSTALLATION — RESSOURCES DE DÉPANNAGE.

a) **Hangar :** Un hangar léger 16×9.

b) **Dépôt de matériel :** Néant.

c) **Dépôt de combustibles :** Néant.

d) **Eau :** A proximité.

e) **Ateliers de réparation locaux :** Atelier des T.P. à Phu-Lang-Thuong.

f) **Logement pour le personnel :** S'adresser à la Résidence ou au Commandant d'Armes.

III. — COMMUNICATIONS.

a) **Routes existantes :** Route Hanoi-Langson en bordure du terrain.

b) **Voie ferrée :** En bordure du terrain — Gare à Phu-Lang-Thuong.

c) **Voie fluviale utilisable pour le transport :** Rivière Song-Thuong (appontements à Phu-Lang-Thuong).

d) **Ressources locales :** Tous moyens utilisables pour le transport.

e) **Liaisons :** Bureau des P.T.T. à Phu-Lang-Thuong.

f) **Renseignements divers :** Résident — Garnison — Médecin.

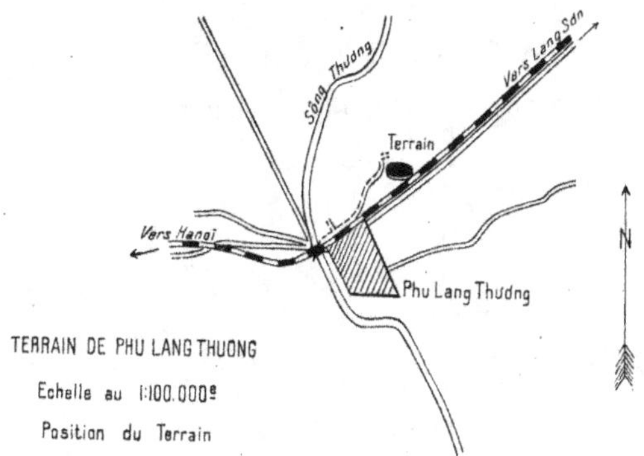

TERRAIN DE PHU LANG THUONG

Echelle au 1:100.000e

Position du Terrain

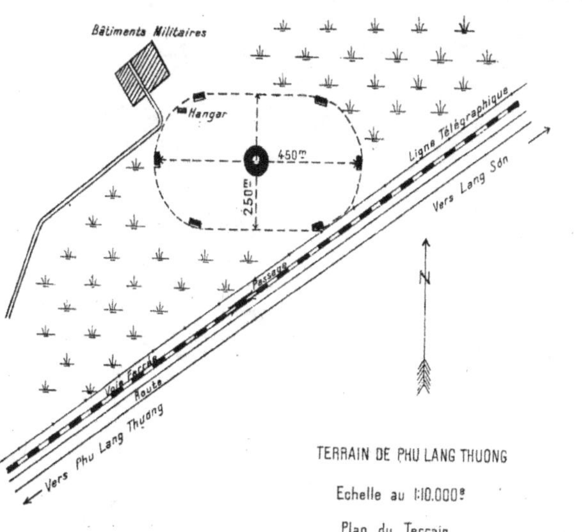

121.

TERRAIN DE PHU LANG THUONG

Echelle au 1:10.000e

Plan du Terrain

Terrain de LANG-SON

(Terrain de secours)
Province de Lang-Son (Tonkin)

I. — POSITION.

a) **Position régionale**: Plaine de Mai-Pha dans une boucle du Song-Ky-Kong à 1500 m. Sud-Est de Lang-Son.

b) **Repères avoisinants**: Lang-Son — boucle du Song-Ky-Kong. Gros rocher isolé dans la plaine de Mai-Pha.

c) **Environs**: Rizière — Montagnes élvées assez éloignées.

d) **Terrain lui-même**: Terrain ayant la forme d'un quadrilatère de dimensions 440 m. dans sa plus grande longueur N. S. sur 300. Assez bon terrain — légèrement ondulé à l'abri de l'inondation.

e) **Obstacles**: La plaine de Mai-Pha large de 3 km. est entourée de montagnes dont certaines atteignent 1200 m. de hauteur.

f) **Cartes utilisables**: Cartes régulières de la région au 1/100.000e et 1/500.000e.

II. — INSTALLATION — RESSOURCES DE DÉPANNAGE.

a) **Hangar**: Un hangar léger 16×9.

b) **Dépôt de matériel**: Néant.

c) **Dépôt de combustibles**: Dépôt de la Franco-Asiatic à Lang-Son.

d) **Eau**: Le Song-Ky-Kong à 150 m.

e) **Ateliers de réparation locaux**: Ateliers des T. P. à Lang-Son.

f) **Logement pour le personnel**: Hôtels à Lang-Son.

III. — COMMUNICATIONS.

a) **Routes existantes**: Pour le moment on accède au terrain par une route impraticable aux Autos ou voitures.

b) **Voie ferrée**: A l'Ouest du terrain la voie ferrée Hanoi - Lang-Son - Gare Lang-Son à 1 klm.

c) **Voie fluviale utilisable pour le transport**: Song-Ky-Kong (navigable vers Lang-Son et Na-Cham).

d) **Ressources locales**: Tous moyens de transport (Sampans sur le Song-Ky-Kong).

e) **Liaisons**: Bureau des P. T. T. à Lang-Son.

f) **Renseignements divers**: Résident Chef de province à Lang-Son — Garnison — Hôpital et médecins.

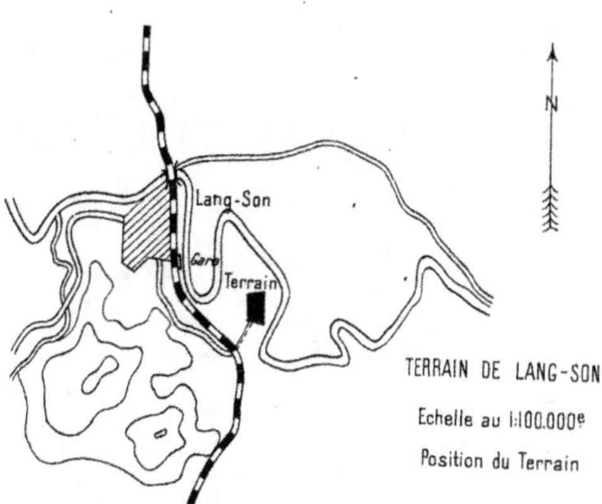

TERRAIN DE LANG-SON

Echelle au 1:100.000e

Position du Terrain

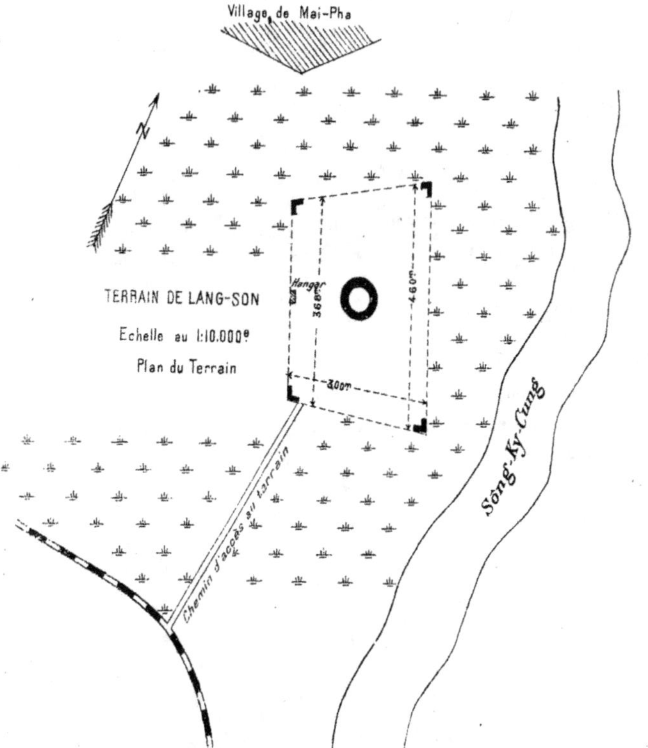

TERRAIN DE LANG-SON

Echelle au 1:10.000e

Plan du Terrain

Terrain de THAT-KHÊ

(Terrain de secours)

Province de Lang-Son

I. — POSITION.

a) **Position régionale :** Terrain d'atterrissage situé à 4 km. S.E. du village de That-Khê à 1 km. N. du confluent du Song-Ky-Kong et du Song-Bac-Khé en bordure du Song-Ky-Kong.

b) **Repères avoisinants :** Le coude du Song-Ky-Kong — That-Khé (Constructions blanches du poste).

c) **Environs :** Au N. E. plaine cultivée en rizières.
Au N. à l'E. et au S. collines boisées.

d) **Terrain lui-même :** Vaste terrain affectant la forme d'un trapèze. Dimensions 600 m. dans sa plus grande longueur 250 m. de largeur. Bon terrain rarement inondé, n'est pas uniformément plat; la partie E est la meilleure.

e) **Obstacles :** De tous côtés collines sauf au Nord-Ouest.

f) **Cartes utilisables :** Cartes régulières de la région au 1/100.000 et au 1/500.000.

II. — INSTALLATION – RESSOURCES DE DÉPANNAGE.

a) **Hangar :** Néant.

b) **Dépôt de matériel :** Pas de dépôt.

c) **Dépôt de combustible :** Néant.

d) **Eau :** A proximité immédiate du terrain.

e) **Ateliers de réparation locaux :** Néant.

f) **Logement pour le personnel :** S'adresser au délégué de That-Khé.

III. — COMMUNICATIONS.

a) **Routes existantes :** Route Na-Cham — That-Khé.

b) **Voie ferrée :** Gare la plus proche Na-Cham à 36 km.

c) **Voie fluviale utilisable pour le transorpt :** Song-Ky-Kong navigable pour sampans.

d) **Ressources locales :** Sampans et service de transports automobiles (annexe à That-Khé).

e) **Liaisons :** Bureau des P.T.T. à That-Khé — Service Auto vers Lang-Son et Cao-Bang.

f) **Renseignements divers :** Capitaine chargé de la délégation à That-Khé — Garnison — Médecin.

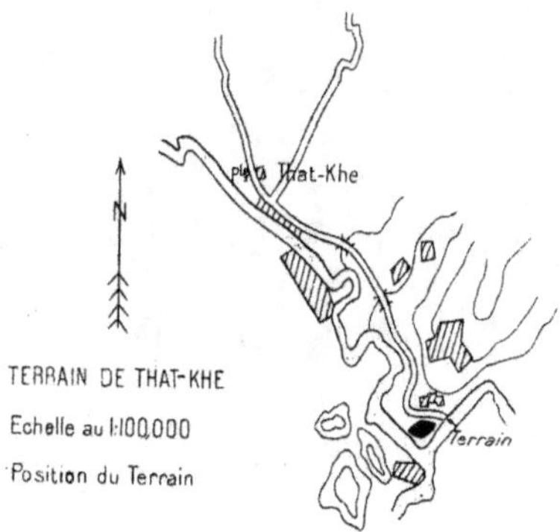

TERRAIN DE THAT-KHE

Echelle au 1:100,000

Position du Terrain

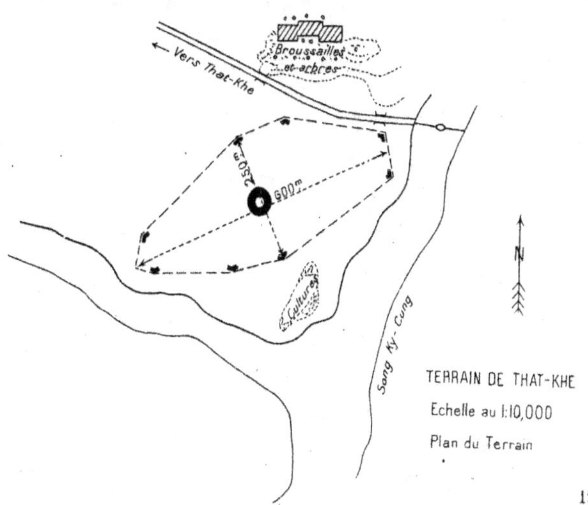

TERRAIN DE THAT-KHE

Echelle au 1:10,000

Plan du Terrain

Points d'amerrissage recommandés sur le parcours
HANOI LANG-SON

1· — Hanoï Grand-Lac ; déjà décrit.

2· — Dap-Cau près du pont ; aucune installation.

3· — Phu-Lang-Thuong près du pont ; aucune installation.

Au delà, l'emploi de l'hydravion est impossible.

7° — LIGNE HANOI - HA-GIANG

BACH-MAI

VINH-YÊN

HA-GIANG

La distance entre **HANOI** et **HA-GIANG** est de 240 kilomètres

Le terrain de **BACH-MAI** a été précédemment décrit; s'y reporter.

ASPECT GÉNÉRAL DU PARCOURS.

Au début, le Delta, puis laissant à droite le grand massif du Tam-Dao, à gauche le confluent de la Rivière Claire à Viétri, l'avion remonte la vallée de la Rivière Claire qui se resserre progressivement et n'offre plus de ressources pour l'atterrissage ; la rivière elle-même ne peut être considérée comme praticable à l'hydravion qu'en saison des pluies, et encore, les nuages qui accrochent les montagnes de tous côtés limitent le nombre de jours où l'on peut tenter le voyage — Ligne difficile.

Terrain de VINH-YÊN

(Terrain de secours)

Province de Vinh-Yên

I. — POSITION.

a) **Position régionale:** Terrain d'atterrissage situé à environ 1 km. Nord-Est de la ville de Vinh-Yèn en bordure N. de la voie ferrée Hanoi — Laokay.

b) **Repères avoisinants:** Voie ferrée — Vinh-Yèn.

c) **Environs:** Plateau inculte légèrement ondulé — Rizières.

d) **Terrain lui-même:** Bon terrain, bien dégagé de dimensions 400×250. N'est jamais inondé.

e) **Obstacles:** Au Sud, la voie ferrée et sa ligne télégraphique. A l'Ouest, surélévations.

f) **Cartes utilisables:** Cartes régulières de la région au 1/100.000e et au 1/500.000e.

II. — INSTALLATION — RESSOURCES DE DÉPANNAGE.

a) **Hangar:** Pas de hangar.

b) **Dépôt de matériel:** Pas de dépôt de matériel.

c) **Dépôt de combustibles:** Néant.

d) **Eau:** A proximité.

e) **Ateliers de réparation locaux:** Atelier des T.P. à Vinh-Yèn.

f) **Logement pour le personnel:** Hôtel à Vinh-Yèn.

III. — COMMUNICATIONS.

a) **Routes existantes:** Route Hanoi — Vinh-Yèn — Tam-Dao.

b) **Voie ferrée:** Hanoi — Laokay en bordure du terrain (Gare de Vinh-Yèn à 800 m.).

c) **Voie fluviale utilisable pour le transport:** Néant.

d) **Ressources locales:** Toutes ressources sauf fluviales.

e) **Liaisons:** Bureau des P.T.T. à Vinh-Yèn.

f) **Renseignements divers:** Résident Chef de province à Vinh-Yèn. — Médecin.

N
TERRAIN DE VINH-YEN
Echelle au 1:100,000e
Position du Terrain
Vinh Yên
Gare
Terrain
Vers Hương Cánh

N
Vers Hương-Cánh
Vers Vĩnh-Yên
250m
400m
Gare
Voie ferrée
Hanoi-Viêtri avec remblai et lignes télégraphiques
TERRAIN DE VINH-YEN
Echelle au 1:10,000e
Plan du Terrain

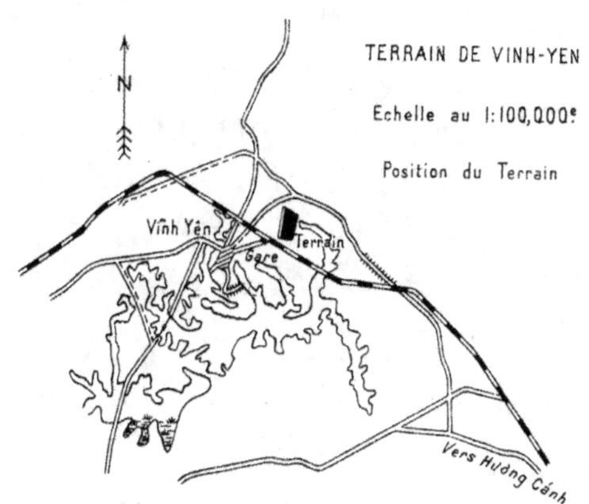

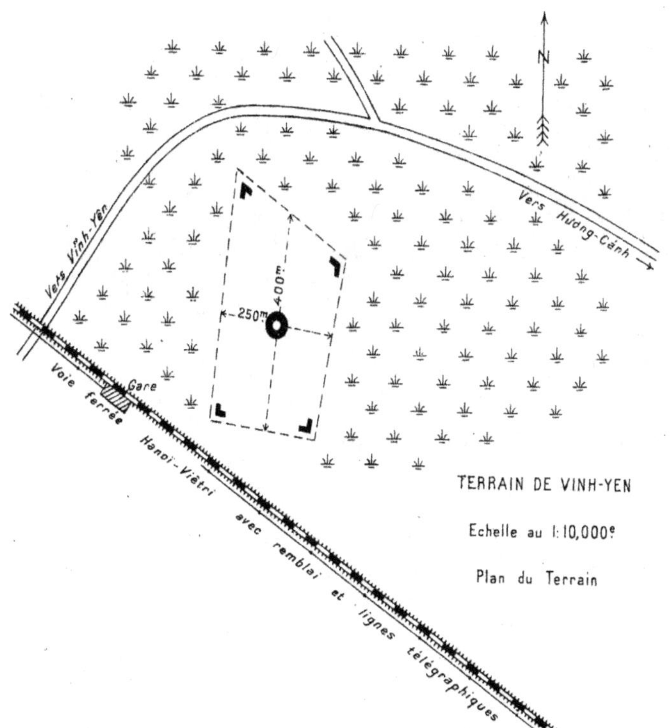

131.

Terrain de HAGIANG

(Terrain de secours)

3e Territoire Militaire (Tonkin)

I. - POSITION.

a) **Position régionale :** Terrain d'atterrissage situé à 7 km. au N.O. de Hagiang sur un grand plateau triangulaire.

b) **Repères avoisinants :** Ville de Hagiang — Rivière Claire.

c) **Environs :** Au Nord rocher calcaire — au Sud vallée — région mouvementée.

d) **Terrain lui-même :** Terrain de forme rectangulaire de dimensions 400×200. Très plat — n'est jamais inondé mais ne permet l'atterrissage normal que dans le sens E.O.

e) **Obstacles :** A l'Est et Nord chaîne du Dam-Cao — à l'Ouest collines — Terrain dégagé au S. et au N.

f) **Cartes utilisables :** Cartes régulières de la région au 1/100.000 et au 1/500.000.

II. — INSTALLATION — RESSOURCES DE DÉPANNAGE.

a) **Hangar :** Néant.

b) **Dépôt de matériel :** Néant.

c) **Dépôt de combustibles :** Néant.

d) **Eau :** A proximité.

e) **Ateliers de réparation locaux :** Atelier de T.P. à Hagiang.

f) **Logement pour le personnel :** S'adresser à la Concession GARDIES (à proximité immédiate) Maison de passagers à Hagiang.

III. — COMMUNICATIONS.

a) **Routes existantes :** Route Tuyèn-Quang — Hagiang (impraticable aux autos).

b) **Voie ferrée :** Néant.

c) **Voie fluviale utilisable pour le transport :** Rivière Claire navigable pour Sampan.

d) **Ressources locales :** Chevaux et coolies.

e) **Liaisons :** Bureau des P.T.T. et poste de T.S.F. à Hagiang.

f) **Renseignements divers :** Commandant du Territoire à Hagiang, Garnison et Médecin.

N
Terrain
Đam Cao
Rivière Claire
Sông Miên
Ha-Giang
TERRAIN DE HA-GIANG
Echelle au 1:100.000e
Position du Terrain

Rocher
Montagne Calcaire
Maison
200m
400m
Vers Ha-Giang
N
TERRAIN DE HA-GIANG
Echelle au 1:10.000e
Plan du Terrain

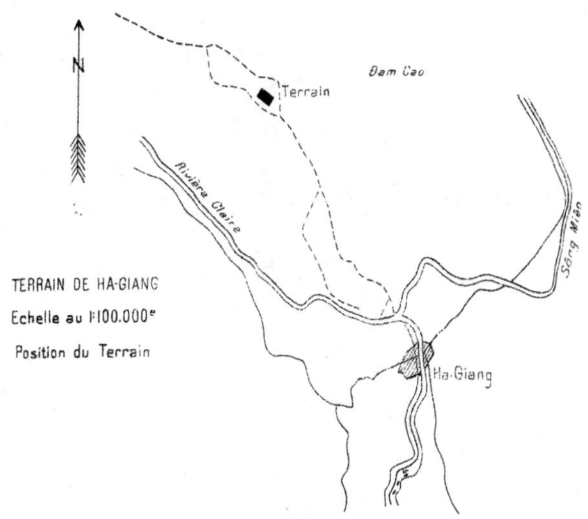

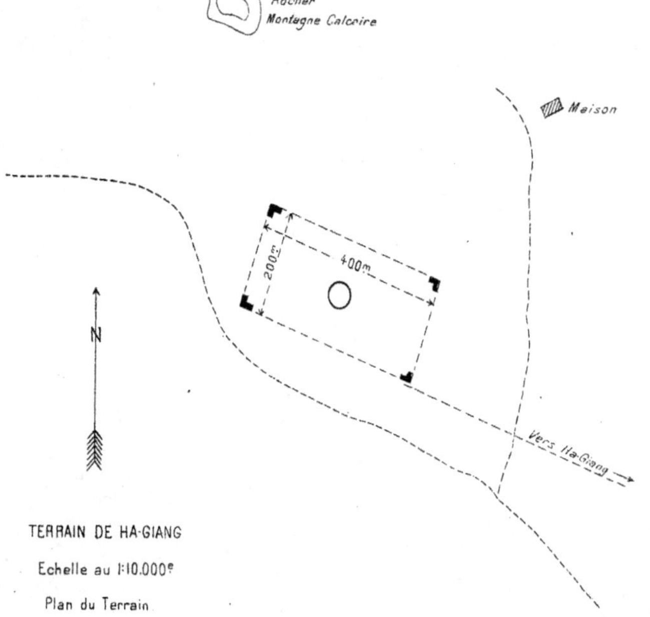

133.

Points d'amerrissage recommandés sur la ligne

HANOI - HAGIANG

1· — Hanoi — Grand-Lac.

2· — Viétri déjà décrit.

3· — Tuyên-Quang devant la ville.

Au delà la rivière très rocheuse implique des précautions spéciales, en saison sèche, pour un voyage en ces régions.

8° — LIGNE HANOI - MUONG-SING

BACH-MAI	**SON-LA**
HOA-BINH (projeté)	**DIEN-BIEN-PHU**
MÔC	**BOUN-NEUA** (projeté)
	MUONG-SING

Distance: 560 kilomètres.

Le terrain de **BACH-MAI** a été précédemment décrit ; s'y reporter.

ASPECT GÉNÉRAL DU PARCOURS

De Hanoi, route vers l'Ouest, survolant d'abord la rizière, puis les plantations de café, enfin des collines élevées au milieu desquelles se faufile la route Hanoi Hoa-Binh en de nombreux méandres; on atteint la Rivière Noire près de Hoa-Binh ; la région devient tout de suite plus élevée : laissant à droite la Rivière Noire, on survole la région très montagneuse et couverte de forêts de Suyut à Sonla puis de là à Dien-Bien-Phu ; à cet endroit une large plaine offre des ressources à l'atterrissage ; puis c'est la vallée encaissée du Nam-Hou, dont les eaux vont dans le Mékong.

Le Nam-Hou traversé, l'avion se dirige vers la frontière de Chine qu'il longe quelque temps avant d'arriver dans la plaine de Muong-Xing, plaine relativement riche et peuplée : on est là tout proche de la frontière de la Birmanie anglaise.

Toute cette ligne est difficile ne survolant, sauf quelques exceptions, qu'une région plissée de montagnes élevées et de vallées profondes à population très clairsemée et très sauvage.

Terrain de MOC

(Terrain de secours)

Province de Sonla

I. — POSITION.

a) **Position régionale**: Terrain d'atterrissage situé dans la partie S. du plateau de Moc, à 2 km. O. du village de Chieng-Di et à 2 km. S. de la route de Sonla.

b) **Repères avoisinants**: Plateau de Moc, visible de très loin — Signal Bô-Men au S. village de Chieng-Di (peu visible).

c) **Environs**: Au Nord, à l'Est et à l'Ouest plateau inculte.

d) **Terrain lui-même**: Terrain en partie en nature de rizières — dimensions 450×200 — N'est atterrissable que dans le sens E.O. (Direction des vents dominants — Bordé au S. par un petit arroyo. Inondé pendant la saison des pluies — altitude 980 m.

e) **Obstacles**: Au Sud montagne du Bô-Men — Au Nord mamelons de 20 m. de hauteur — dégagé à l'E. et à l'O.

f) **Cartes utilisables**: Carte régulière au 1/100.000e et au 1/500.000e.

II. — INSTALLATION — RESSOURCES DE DÉPANNAGE.

a) **Hangar**: Néant.

b) **Dépôt de matériel**: Néant.

c) **Dépôt de combustibles**: Néant.

d) **Eau**: En bordure du terrain.

e) **Ateliers de réparation locaux**: Néant.

f) **Logement pour le personnel**: Village de Chieng-Di à 3 km.

III. — COMMUNICATIONS.

a) **Routes existantes**: Piste de Sonla à Suyut à 2 km. praticable aux piétons et cavaliers uniquement.

b) **Voie ferrée**: Néant.

c) **Voie fluviale utilisable pour le transport**: Néant.

d) **Ressources locales**: Néant.

e) **Liaisons**: Le bureau de poste le plus proche est à Van-Yèn soit 3 jours de cheval — la ligne télégraphique passe à Moc-Ha (1 journée de cheval).

f) **Renseignements divers**: S'adresser au Tri-Chau de Moc à Moc-Thuong (1/2 journée de cheval) ou au chef de canton de Chieng-Di à 3 km. du terrain.

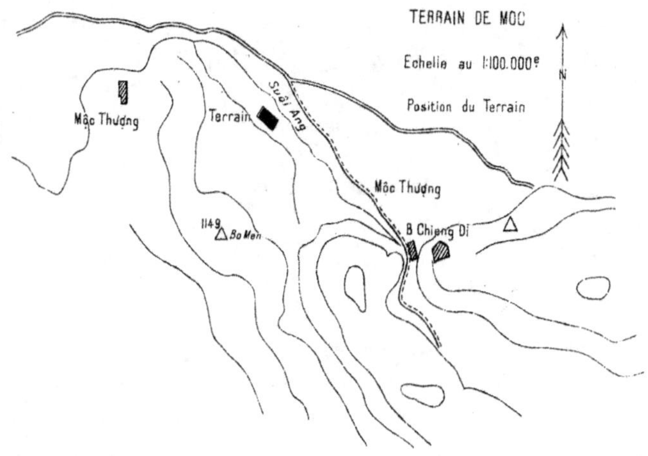

TERRAIN DE MOC
Echelle au 1:100.000e
Position du Terrain
N
Môc Thượng
Terrain
Suối Ang
Môc Thượng
B Chieng Di
1149 Ba Men

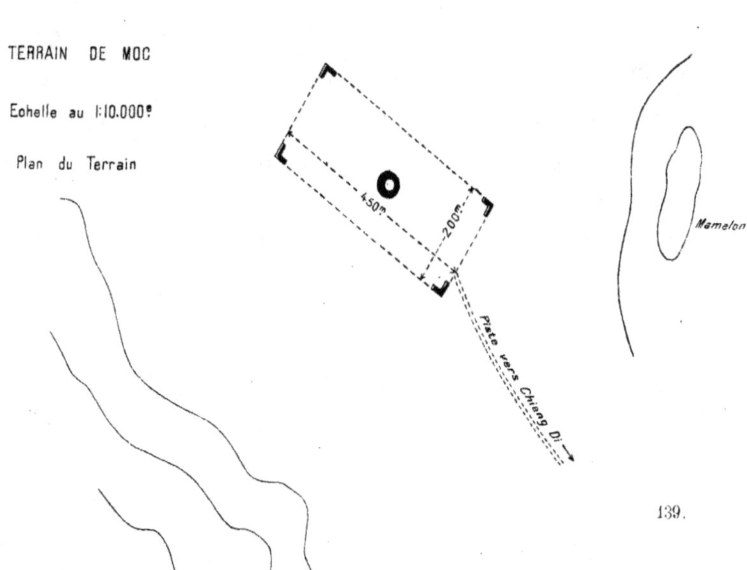

N
TERRAIN DE MOC
Echelle au 1:10.000e
Plan du Terrain
450m
200m
Piste vers Chieng Di
Mamelon

Terrain de SONLA

(Terrain de secours)

Province de Sonla

I. — POSITION.

a) **Position régionale** : A 11 km Sud-Est de Sonla, en lisière de la route de Maison.

b) **Repères avoisinants :** La route de Sonla à Maison; le poste de Sonla sur un mamelon.

c) **Environs :** Chaotiques, rochers calcaires, montagnes, quelques rizières étagées — Forêts.

d) **Terrain lui-même :** Bon sol en déclivité légère vers l'E. — dimensions 450×300, dans ses plus grandes dimensions.

e) **Obstacles :** Nombreux pics calcaires et collines élevées de 50 à 100 mètres tout autour du terrain; terrain accessible seulement sur la direction Est Ouest ou inversement, l'atterrissage Est Ouest le couloir, est préférable.

f) **Cartes utilisables :** 1/100.000e et 1/500.000e.

II. — INSTALLATION — RESSOURCES DE DÉPANNAGE.

a) **Hangar :** Néant.

b) **Dépôt de matériel :** Néant.

c) **Dépôt de combustibles :** Dépôt à la Résidence de Sonla.

d) **Eau :** A proximité.

e) **Ateliers de réparation locaux :** Faibles ressources à l'atelier des T.P. à Sonla.

f) **Logement pour le personnel :** Maison de passagers à Sonla.

III. — COMMUNICATIONS.

a) **Routes existantes :** Route carrossable Maison Sonla.

b) **Voie ferrée :** Néant.

c) **Voie fluviale utilisable pour le transport :** Rivière Noire pour les pirogues seulement.

d) **Ressources locales :** Chaises à porteurs; chevaux.

e) **Liaisons :** Bureau des P.T.T. à Sonla; télégraphe, pas de communications téléphoniques entre le poste et le terrain.

f) **Renseignements divers :** Résident et Médecin à Sonla — Le terrain étant à 11 km. de la ville; il est bon de survoler le poste avant d'atterrir afin de prévenir.

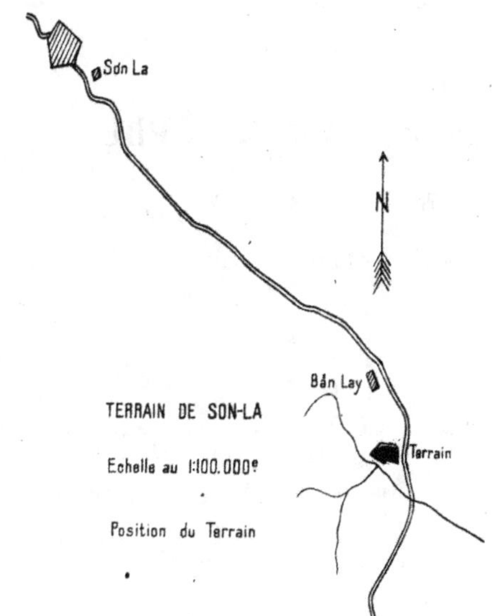

Sơn La
Bản Lay
Terrain
TERRAIN DE SON-LA
Echelle au 1:100.000e
Position du Terrain
N

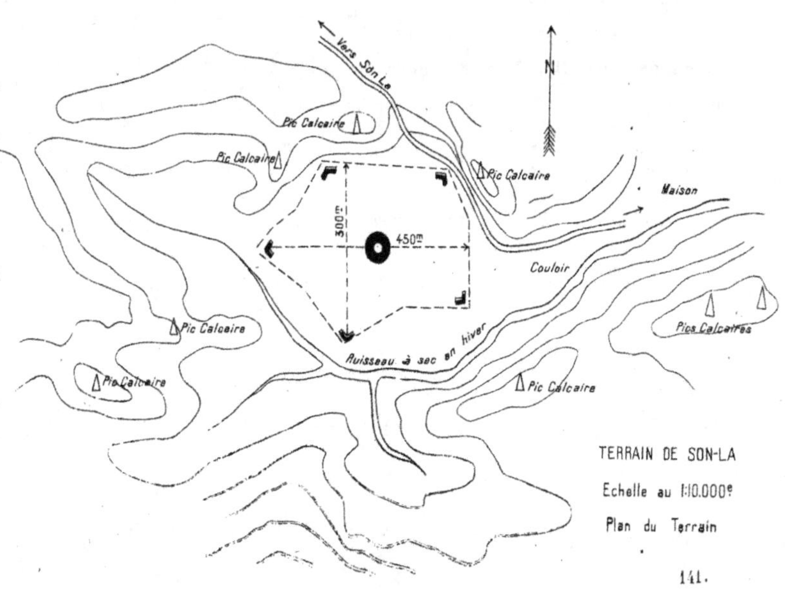

Vers Sơn La
N
Pic Calcaire
Pic Calcaire
Pic Calcaire
Maison
300m
450m
Couloir
Pic Calcaire
Pics Calcaires
Ruisseau à sec en hiver
Pic Calcaire
Pic Calcaire
TERRAIN DE SON-LA
Echelle au 1:10.000e
Plan du Terrain

Terrain de **DIEN-BIEN-PHU**

(Terrain de secours)

4me Territoire Militaire

I. — POSITION.

a) **Position régionale** : Terrain situé à 3 km. Sud du Poste de Dien-Bien-Phu au milieu de la plaine du même nom et le long de la route de Sop-Cop.

b) **Repères avoisinants :** La plaine est unique au milieu de cette région de montagnes ; à signaler dans l'Est à environ 10 km. du terrain une montagne en forme de table d'altitude 1500 m. et très caractéristique. Le poste placé sur un mamelon est très visible.

c) **Environs** : La plaine cultivée partiellement en rizière : à une direction générale S.N. et mesure 30 km. sur 8 km. Elle est traversée par une route et petite rivière aux nombreux méandres.

d) **Terrain lui-même :** Bon sol, plat, Dimensions 400×400.

e) **Obstacles** : Néant.

f) **Cartes utilisables :** Cartes irrégulières de la région au 1/250.000^e et 1/500.000^e.

II. — INSTALLATION — RESSOURCES DE DÉPANNAGE.

a) **Hangar :** Néant.

b) **Dépôt de matériel :** Faible dépôt pour Bréguet 14 A — 2 au poste.

c) **Dépôt de combustibles :** Néant.

d) **Eau** : A proximité.

e) **Ateliers de réparation locaux :** Quelques ouvriers au poste.

f) **Logement pour le personnel** : Chambres de passagers au poste.

III. — COMMUNICATIONS.

a) **Routes existantes :** Pour chevaux et piétons vers Sonla — Lai-Chau et le Nam-Hou.

b) **Voie ferrée** : Néant.

c) **Voie fluviale utilisable pour le transport** : La rivière est fréquentée par des pirogues qui peuvent atteindre le Nam-Hou.

d) **Ressources locales** : Chevaux et coolies porteurs.

e) **Liaisons** : Bureau des P.T.T. au poste.

f) **Renseignements divers** : Délégation, garnison ; pas de médecin.

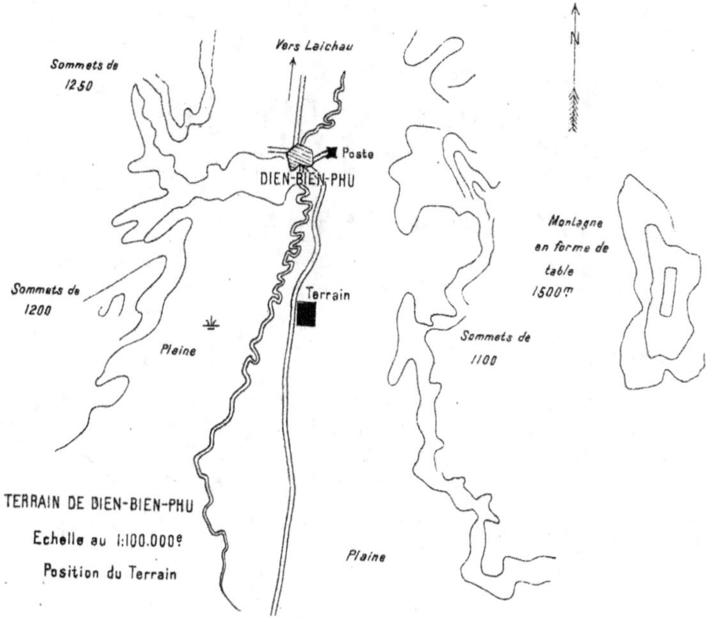

Sommets de 1250
Vers Laichau
N
Poste
DIEN-BIEN-PHU
Montagne en forme de table 1500ᵐ
Sommets de 1200
Terrain
Plaine
Sommets de 1100
Plaine
TERRAIN DE DIEN-BIEN-PHU
Echelle au 1:100.000ᵉ
Position du Terrain

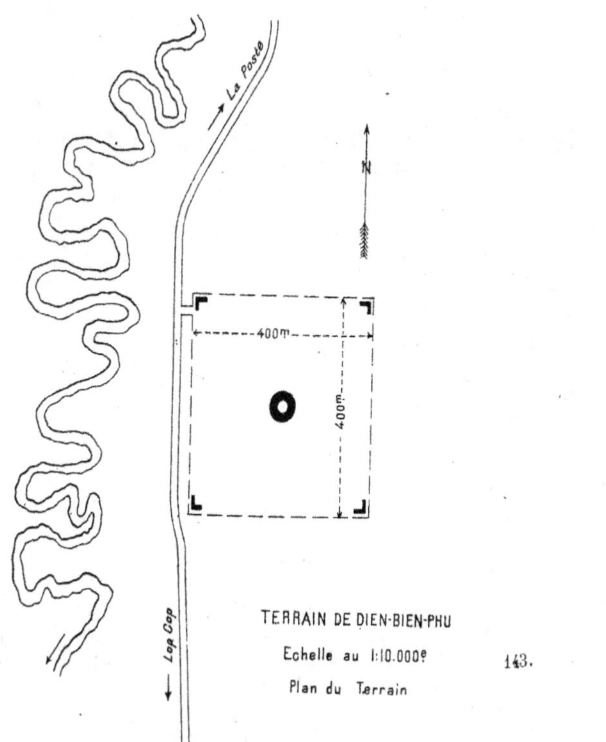

La Poste
N
400ᵐ
400ᵐ
Lop Cop
DIEN-BIEN-PHU
TERRAIN DE DIEN-BIEN-PHU
Echelle au 1:10.000ᵉ
Plan du Terrain
143.

Terrain de MUONG-SING

(Terrain de secours)

Province de Haut-Mékong

I.— POSITION.

a) **Position régionale:** A 2 k. 500 Est Sud-Est de la délégation du Muong-Sing.
Dans une plaine de 8 km. sur 15.

b) **Repères avoisinants :** La Délégation — La plaine — Au Nord Ouest à 8 klm.
une grande tâche rouge dans la montagne.

c) **Environs :** La plaine et tout autour les montagnes, les environs immédiats en
rizières ou taillis.

d) **Terrain lui-même :** Bon sol; anciennes rizières surélevées. Dimensions: 400×400
moins une enclave à l'Ouest; pas de pente sensible.

e) **Obstacles :** Bambous et arbustes à l'Est et au Sud.

f) **Cartes utilisables :** 1/100.000ᵉ (irrégulières) cartes très insuffisantes.

II.— INSTALLATION — RESSOURCES DE DÉPANNAGE.

a) **Hangar :** Néant.

b) **Dépôt de matériel :** Néant.

c) **Dépôt de combustibles :** Néant.

d) **Eau :** A proximité.

e) **Ateliers de réparation locaux:** Néant.

f) **Logement pour le personnel :** S'adresser à la délégation.

III.— COMMUNICATIONS.

a) **Routes existantes :** Simples sentiers vers Nam-Tha et vers le Birmanie.

b) **Voie ferrée :** Néant.

c) **Voie fluviale utilisable pour le transport :** Néant.

d) **Ressources locales :** Chevaux de bâts; coolies porteurs.

e) **Liaisons :** Bureau des P.T.T. à Muong-Sing.

f) **Renseignements divers :** 1 Délégué à Muong-Sing. Pas de médecin.
L'accès du poste par voie de terre est long et possible.
Le voyage sur Muong-Sing est, pour le moment hasar-
deux par suite du manque de carte convenable.

Sommets de 18 à 1900
Collines peu élevées
N
Muong Sing
Poste
Terrain
Sommet de 1600
Route de Birmanie
Seuil
Sommet de 1800
EMPLACEMENT DU TERRAIN
DE MUONG SING
Echelle 1:100.000ᵉ

N
Ban Nacham
Santiers de Chine
Muong Sing
400
Bambous
400
PLAN DU TERRAIN
DE MUONG SING
Echelle 1:10.000ᵉ
Ban Silimoun

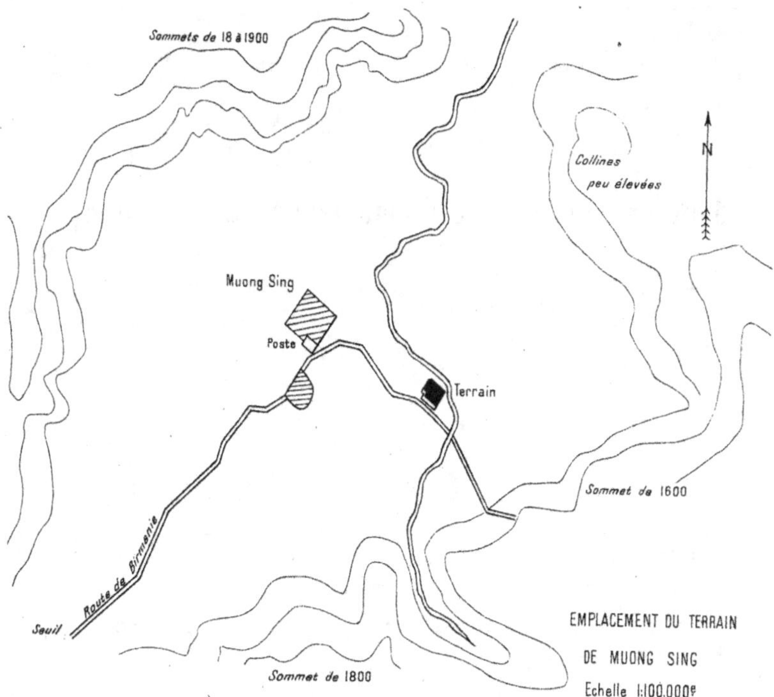

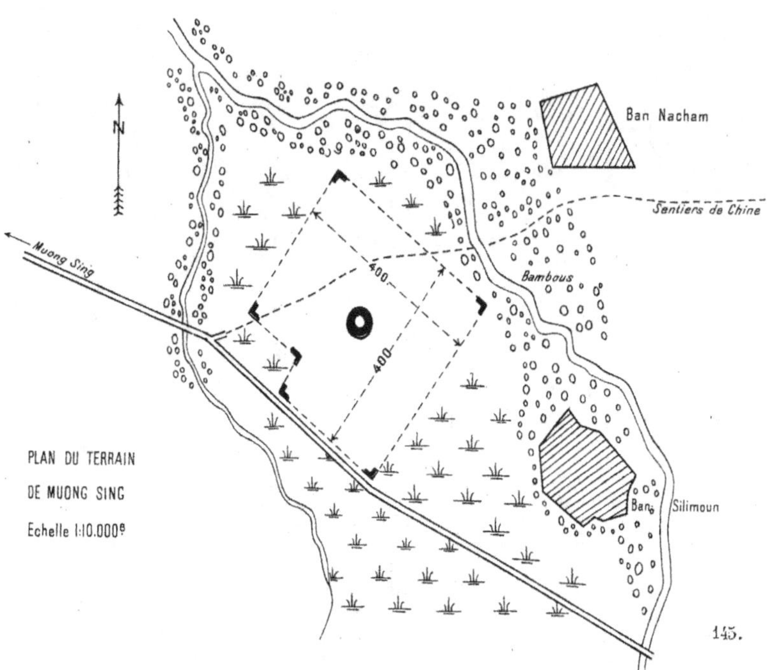

145.

Points d'amerrissage recommandés sur la ligne

HANOI   MUONG-SING

1· — Hanoi.

2· — Hoa-Binh, devant la Résidence : aucune installation.

Au delà la rivière est resserrée entre les montagnes. L'hydravion n'est pas à employer.

9° — Points d'amerrissage recommandés
sur le parcours
HANOI - HAIPHONG - MONCAY

1· — Base du Grand Lac à Hanoi.

2· — Hai-Duong, devant la ville, pas d'installation.

3· — Haiphong, devant Haly ; installation complète de l'hydraviation militaire ; 2 hangars 20$\times$30 ; slip Decauville et treuil.

4· — Hongay, près de la ville : aucune installation, eau souvent agitée.

5· — Port Wallut, devant le poste ; aucune installation.

6· — Moncay, dans la rivière non loin de la ville.

10° — TERRAINS RÉGIONAUX

de

CONG-MY & LAT-SEN

———

Terrain de CONG-MY

Terrain de secours

Province de Quang-Yên

I. — POSITION.

a) **Position régionale :** Huit km Nord Ouest de Haiphong, non loin de la rive droite du Cua-Câm.

b) **Repères avoisinants :** Le Cua-Câm au Sud -- A l'Ouest l'usine de la Verrerie la station des chemins de fer de Vât-Cach-Thuong.

c) **Environs :** Dégagés.

d) **Terrain lui-même :** Très plat, anciennes rizières : rarement inondé ; dimensions 400 x 400.

e) **Obstacles :** La Verrerie au Sud Ouest ; une butte et un arbre isolé sur le côté Nord Ouest.

f) **Cartes existantes :** 1/100.000 et 1/500.000

II. — INSTALLATION — RESSOURCES DE DÉPANNAGE.

a) **Hangar :** Un hangar léger 16 x 9

b) **Dépôt de matériel :** S'adresser à Ha-Ly (Section d'Hydravion) à 6 km.

c) **Dépôt de combustibles :** S'adresser à Ha-Ly.

d) **Eau :** A proximité.

e) **Ateliers de réparation locaux :** S'adresser à Ha-Ly - Toutes ressources à Haiphong.

f) **Logement pour le personnel :** Hôtels à Haiphong.

III. — COMMUNICATIONS.

a) **Routes existantes :** Route auto à 200 m. vers Haiphong et Hanoi.

b) **Voie ferrée :** Gare à 300 m. à Vât-Cach-Thuong.

c) **Voie fluviale utilisable pour le transport :** Le Cua-Câm à 200 m. mais pas d'embarcation convenable.

d) **Ressources locales :** De toutes sortes à Haiphong.

e) **Liaisons :** Bureau télégraphe à Haiphong - Télégraphe à la station de Chemin de fer.

f) **Renseignements divers :** Résidents à Haiphong et à Kiên-An, Garnison ; une Section d'hydraviation coloniale à Haiphong — Médecins et Hôpital. Il est bon de prévenir à Haiphong si l'on veut atterrir sur le terrain.

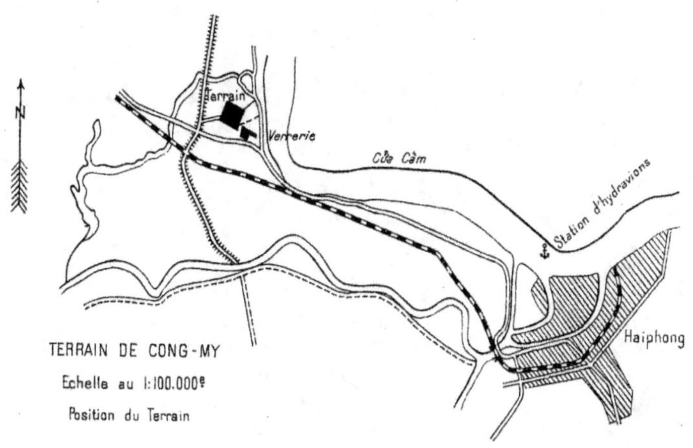

TERRAIN DE CONG-MY

Echelle au 1:100.000°

Position du Terrain

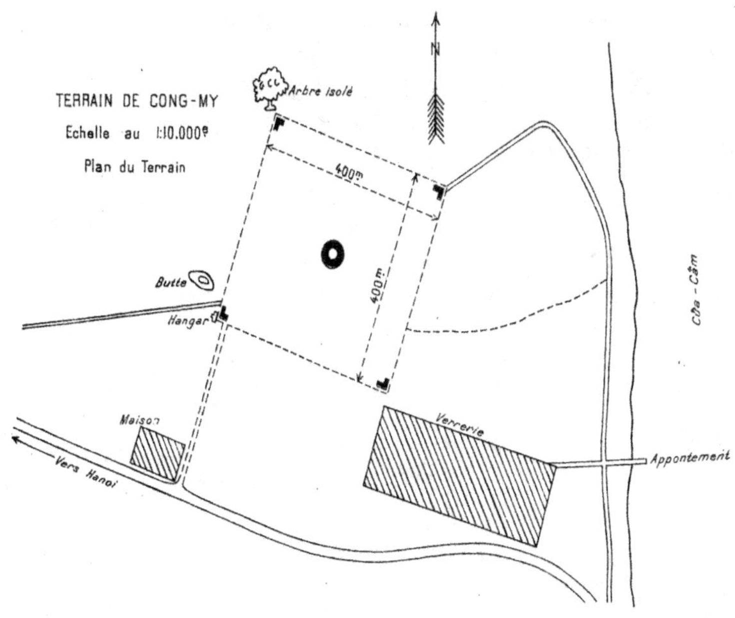

TERRAIN DE CONG-MY

Echelle au 1:10.000°

Plan du Terrain

Terrain de LAT-SEN (Xieng-Khouang)

(Terrain de secours)
Province de Tran-Ninh (Laos)

I. — POSITION.

a) **Position régionale :** Terrain d'atterrissage situé dans la partie Sud de la plaine des Jarres à 25 km. à l'Ouest de Xieng-Khouang et à 42 km. au Nord du Pou-Bia (3000m) principale montagne de la région.

b) **Repères avoisinants :** Au Nord le triangle de route Xieng-Khouang, Muong-Soui, Ban-Ban. La Bergerie (maison blanche) Sud massif du Pou-Bia.

c) **Environs :** Vaste plaine à herbe rase - Montagnes très élevées dans le lointain.

d) **Terrain lui-même :** Absolument plat et sans limites sauf au N. (ruisseau) et au S. (légère colline) Terrain excellent altitu 1e 1200) m.

e) **Obstacles :** Pas d'obstacles

f) **Cartes utilisables :** Cartes au 1/200.000e.

II. — INSTALLATION — RESSOURCES DE DÉPANNAGE.

a) **Hangar :** Un hangar 16 x 20 (profondeur)

b) **Dépôt de matériel :** Petit dépôt à Xieng-Khouang contenant quelques rechanges avion et moteur.

c) **Dépôt de combustibles :** Dépôt à Xieng-Khouang.

d) **Eau :** Dans le ruisseau au N. du terrain (Quand il n'est pas à sec).

e) **Ateliers de réparation locaux :** Atelier des T. P. à Xieng-Khouang .

f) **Logement pour le personnel :** Maison de passagers à Xieng-Khouang. Petite maison sans mobilier proche du terrain.

III. — COMMUNICATIONS

a) **Routes existantes :** Route de Xieng-Khouang à Latsen (praticable aux autos).

b) **Voie ferrée :** Néant.

c) **Voie fluviale utilisable pour le transport :** Néant.

d) **Ressources locales :** Néant.

e) **Liaisons :** Bureau des P.T.T. Xieng-Khouang. Aucun moyen de liaison sur place le pays étant inhabité, si l'on veut atterrir prévenir ou simplement survoler à l'avance Xieng-Khouang qui est à 25 km. du terrain. Le Commissaire du Gouvernement a une auto.

f) **Renseignements divers :** Résident (Commissaire du Gouvernement à Xieng-Khouang - Médecin.

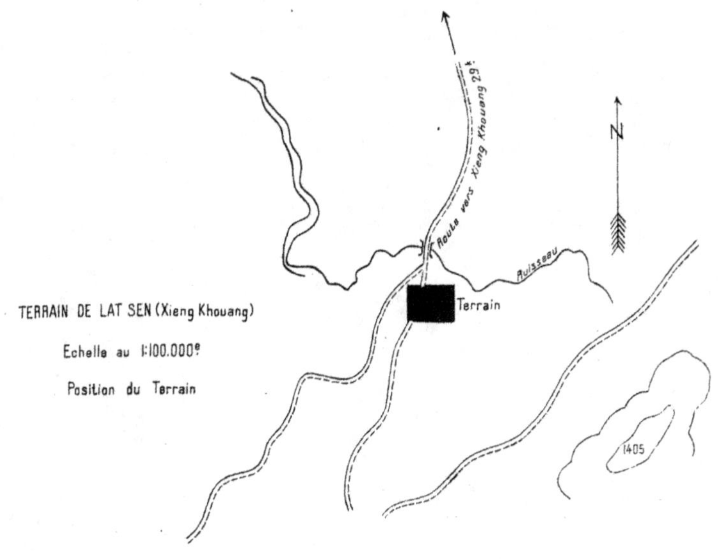

Route vers Xieng Khouang 29k
Ruisseau
N
TERRAIN DE LAT SEN (Xieng Khouang)
Echelle au 1:100.000e
Position du Terrain
Terrain
1405

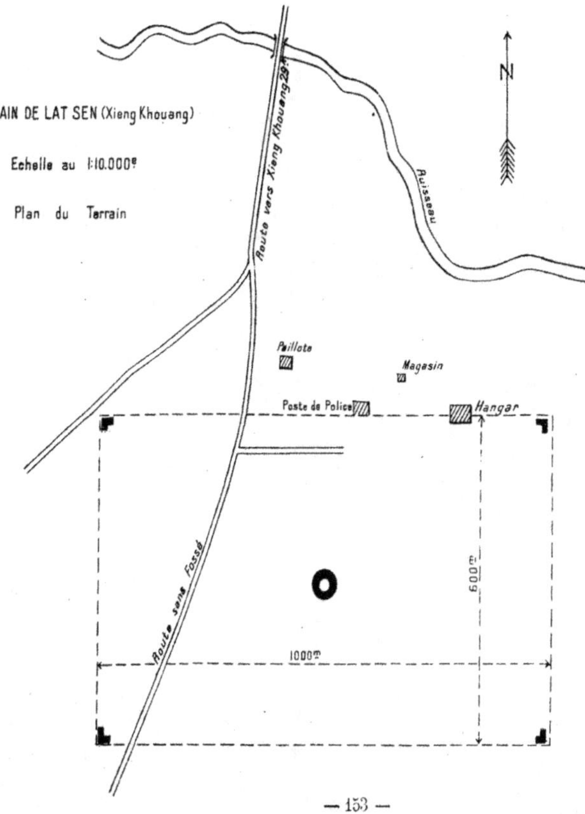

Route vers Xieng Khouang 29k
Ruisseau
N
TERRAIN DE LAT SEN (Xieng Khouang)
Echelle au 1:10.000e
Plan du Terrain
Paillote
Magasin
Poste de Police
Hangar
Maison Laotienne
Route sans Fossé
600 m
1000 m

11° — LIGNE SAIGON - BUDOP

SAIGON (Phu-Tho) HON-QUAN

THU-DAU-MOT BUDOP

Distance : 175 kilomètres.

Le terrain de PHU-THO a été précédemment décrit ; s'y reporter

ASPECT GÉNÉRAL DU PARCOURS

De Saigon à Thudaumôt, le Delta. Puis les forêts, coupées çà et là de culture de caoutchouc ; la région est peu peuplée, par quelques groupement Moïs.

Terrain de THUDAUMOT

(Terrain de secours)

Province de Thudaumot (Cochinchine)

I.— POSITION.

a) **Position régionale :** Terrain d'atterrissage situé à 5 km. de Thudaumot, à 600 m. à l'Est de l'intersection des routes Thudaumot - Bienhoa et Thudaumot - Tamyen.

b) **Repères avoisinants :** Thudaumot, casernes à toit rouge.

c) **Environs :** Terres incultes, anciennes rizières, bouquets d'arbres.

d) **Terrain lui-même :** Ancien champ de tir au sol sablonneux où a été aménagé un terrain de 400 m. de côté.

e) **Obstacles :** A l'Est bouquet de bambous.

f) **Cartes utilisables :** Carte au 1/500.000 et carte provisoire au 1/100.000.

II.— INSTALLATION - RESSOURCES DE DÉPANNAGE.

a) **Hangar :** Néant.

b) **Dépôt de matériel :** Néant.

c) **Dépôt de combustibles :** Dépôt à Thudaumot — Commandant d'Armes.

d) **Eau :** Thudaumot.

e) **Ateliers de réparation locaux :** Ateliers des Travaux Publics.

f) **Logement pour le personnel :** Hôtel à Thudaumot.

III.— COMMUNICATIONS.

a) **Routes existantes :** Routes automobilables en toutes directions.

b) **Voie ferrée :** Néant.

c) **Voie fluviale utilisable pour le transport :** Rivière de Saigon.

d) **Ressources locales :** Toutes ressources sauf voie ferrée.

e) **Liaisons :** Bureau des P.T.T. à Thudaumot.

f) **Renseignements divers :** Résident. Garnison et Médecin.

N
Terrain
Thudaumot
TERRAIN DE THUDAUMOT
Echelle au 1:100,000e
Position du Terrain

N
Rizières
Bouquets de bambous
400m
400m
Rizières
Vers Tanuyen
Vers Thudaumot
TERRAIN DE THUDAUMOT
Echelle au 1:10,000e
Plan du Terrain

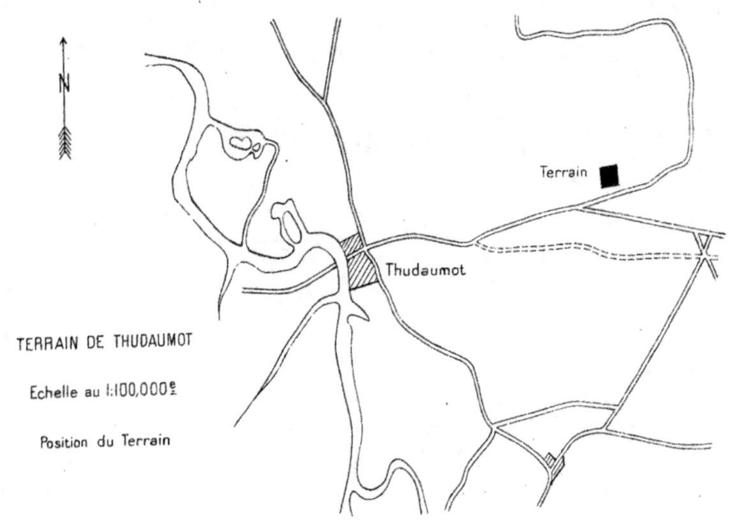

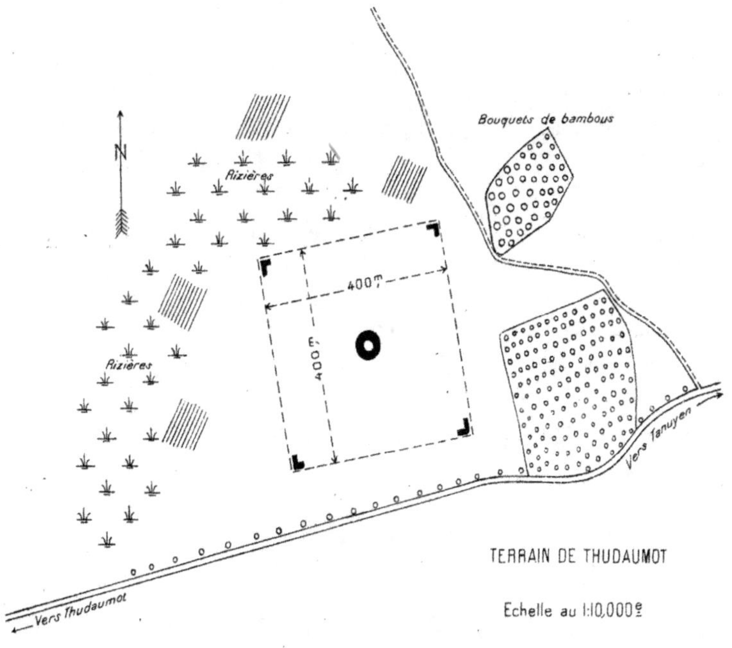

159.

Terrain de HON-QUAN

(Terrain de secours)

Province de Thudaumot (Cochinchine)

I. — POSITION.

a) **Position régionale :** Terrain d'atterrissage situé à l'O. de la route coloniale N° 13 (à 200 m. des bâtiments de la Délégation).

b) **Repères avoisinants :** Délégation et poste de Hon-Quan.

c) **Environs :** Plantations d'hévéas.

d) **Terrain lui-même :** Terrain sablonneux, situé sur un plateau bien dégagé. Accuse une légère pente vers le N. Dimensions 400×350.

e) **Obstacles :** Néant.

f) **Cartes utilisables :** Carte provisoire au 1/100.000°.

II.— INSTALLATION — RESSOURCES DE DÉPANNAGE.

a) **Hangar :** Néant.

b) **Dépôt de matériel :** Néant.

c) **Dépôt de combustibles :** Néant.

d) **Eau :** A Hon-Quan.

e) **Ateliers de réparation locaux :** Néant.

f) **Logement pour le personnel :** S'adresser au Délégué de Hon-Quan.

III. — COMMUNICATIONS.

a) **Routes existantes :** Route coloniale N° 13 (praticable aux autos) à proximité du terrain.

b) **Voie ferrée :** Néant.

c) **Voie fluviale utilisable pour le transport :** Néant.

d) **Ressources locales :** Charrettes.

e) **Liaisons :** Bureau des P.T.T. à Hon-Quan.

f) **Renseignements divers :** Délégué — Pas de Médecin.

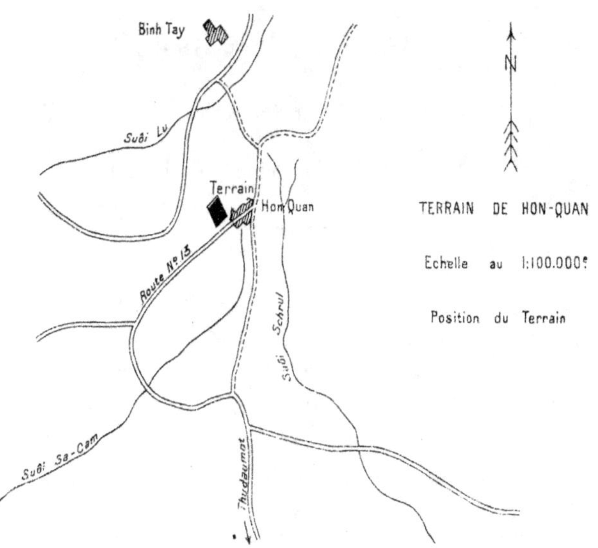

Binh Tay
Suối Lu
Terrain
Hon-Quan
Route N° 13
Suối Schvil
Suối Sa-Cam
Thudaumot
N
TERRAIN DE HON-QUAN
Echelle au 1:100.000e
Position du Terrain

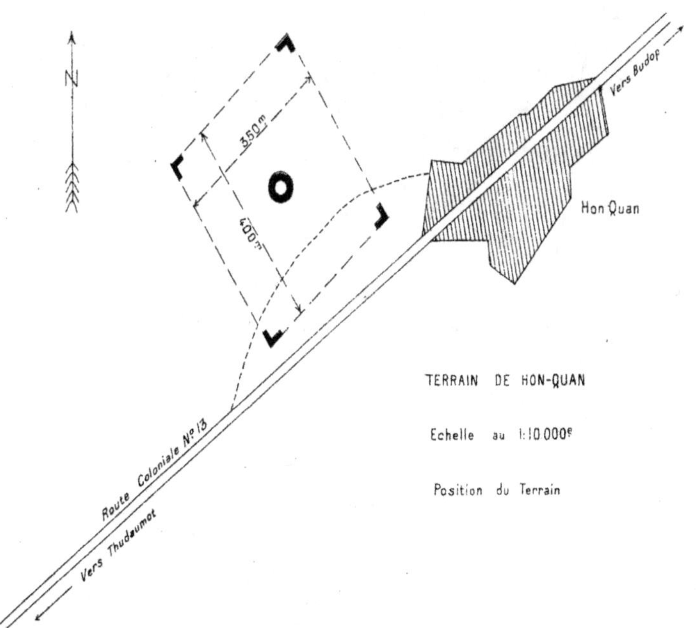

N
350 m
400 m
Vers Budop
Hon-Quan
Route Coloniale N° 13
Vers Thudaumot
TERRAIN DE HON-QUAN
Echelle au 1:10.000e
Position du Terrain

Terrain de BUDOP

(Terrain de secours)

Province de Thudaumot (Cochinchine)

I. - POSITION.

a) **Position régionale :** Terrain d'atterrisage situé à 6 km. S.O. de Budop à 30 km O. de la montagne Nui-Bara (visible de très loin).

b) **Repéres avoisinants :** Poste de Budop.

c) **Environs :** Forêts.

d) **Terrain lui-même :** Terrain situé dans une clairière, dimensions 1200 x 300.

e) **Obstacles :** Pas d'obstacles à proximité du terrain.

f) **Cartes utilisables :** Carte au 1/500.000ᵉ.

II. — INSTALLATION — RESSOURCES DE DÉPANNAGE.

a) **Hangar :** Néant.

b) **Dépôt de matériel :** Néant.

c) **Dépôt de combustibles :** Néant.

d) **Eau :** Au poste de Budop.

e) **Ateliers de réparation locaux :** Néant.

f) **Logement pour le personnel :** S'adresser au délégué à Budop.

III. — COMMUNICATIONS.

a) **Routes existantes :** Route coloniale de Thudaumot à Budop (à 150m du terrain).

b) **Voie ferrée :** Néant.

c) **Voie fluviale utilisable pour le transport :** Néant.

d) **Ressources locales :** Charrettes et chevaux.

e) **Liaisons :** Bureau des P. T. T. à Budop.

f) **Renseignements divers :** Délégué - Pas de Médecin.

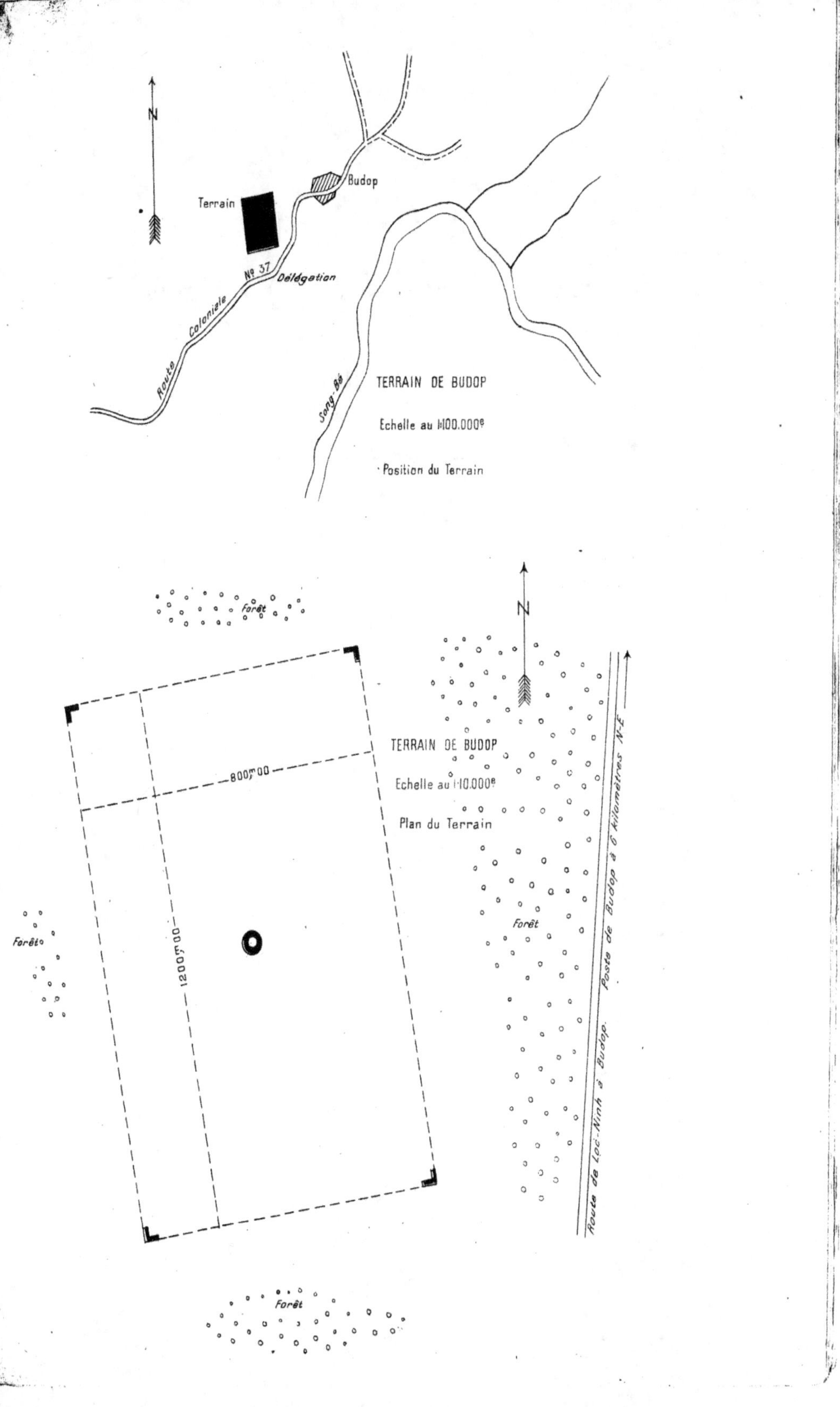

N
Terrain
Budop
Route Coloniale N° 37 Délégation
Song Bé
TERRAIN DE BUDOP
Echelle au 1/100.000°
Position du Terrain
Forêt
Forêt
Forêt
Forêt
N
800m00
1200m00
TERRAIN DE BUDOP
Echelle au 1/10.000°
Plan du Terrain
Route de Loc-Ninh à Budop.
Poste de Budop à 6 kilomètres N-E

Points d'amerrissage recommandés sur le parcours

SAIGON — BUDOP

1· — Saigon.

2· — Thudaumot, devant les casernes ; aucune installation.

Au delà, plus de rivières permettant l'emploi de l'hydravion.

12° — LIGNE SAIGON - CAP SAINT-JACQUES

SAIGON (Phu-Tho)

BIEN--HOA

LONG-THANH

BARIA

LE CAP SAINT-JACQUES

Distance : **90 kilomètres**

Les terrains de **PHU-THO** et **BIEN-HOA**

ont été précédemment décrits; s'y reporter.

ASPECT GÉNÉRAL DU PARCOURS

.La ligne longe le Delta de Cochinchine empruntant le tracé de la route Saigon — Cap-Saint-Jacques. Campagne de rizières, de plantations, de forêts.

L'hydravion convient particulièrement à cette ligne ; il peut alors couper la corde de l'arc, survolant les méandres de la rivière de Saigon et les grandes étendues marécageuses de palétu-viers. La distance est alors réduite à 75 kilomètres.

Terrain de LONG-THANH

(Terrain de secours)

Province de Bien-Hoa

I.— POSITION.

a) **Position régionale :** A 3 km 500 à l'Est de Long-Thanh non loin de la route de Saigon.

b) **Repères avoisinants :** Le poste de Long-Thanh. — La plantation de Lasouchère avec habitation à toit rouge ; allées en rosace autour de la maison courbe caractéristique de la rivière de Saigon.

c) **Environs :** Au nord et à l'Est la forêt ; à l'Ouest habitation et plantation ; au Sud rizières.

d) **Terrain lui-même :** Sablonneux, ferme, jamais inondé ; dimensions 500 x 600.

e) **Obstacles :** Néant.

f) **Cartes utilisables :** 1/100.000ᵉ

II.— INSTALLATION — RESSOURCES DE DÉPANNAGE.

a) **Hangar :** Néant.

b) **Dépôt de matériel :** Néant.

c) **Dépôt de combustibles :** Néant.

d) **Eau :** A proximité.

e) **Ateliers de réparation locaux :** Néant.

f) **Logement pour le personnel :** Cases indigènes, on peut s'adresser à la concession.

III.— COMMUNICATIONS.

a) **Routes existantes :** Route auto sur Saigon et vers le Cap.

b) **Voie ferrée :** Néant.

c) **Voie fluviale utilisable pour le transport :** Néant.

d) **Ressources locales :** S'adresser à Bien-Hoa.

e) **Liaisons :** Bureau des P.T.T. à Long-Thanh

f) **Renseignements divers :** Pas de Médecin.

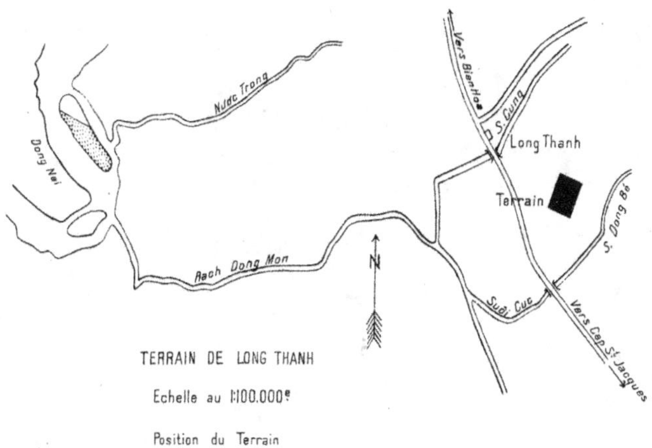

TERRAIN DE LONG THANH

Echelle au 1:100.000°

Position du Terrain

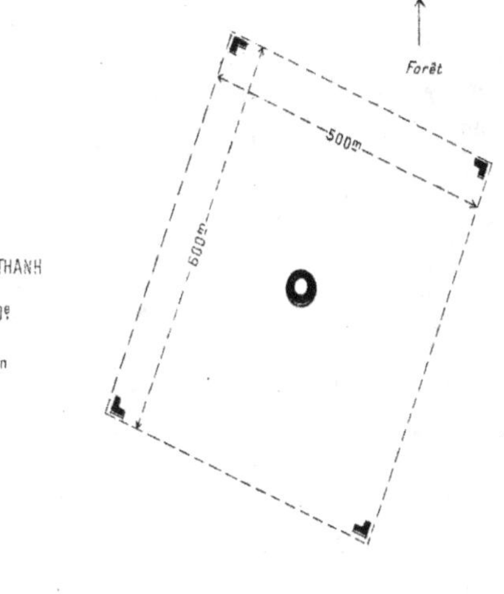

TERRAIN DE LONG THANH

Echelle au 1:10.000°

Plan du Terrain

Terrain de BARIA

(Terrain de secours)

Province de Baria (Cochinchine)

I. — POSITION.

a) **Position régionale** : Terrain d'atterrissage situé à l'Est de Baria et au Nord de la route locale N° 4.

b) **Repères avoisinants** : Carrefour de routes.

c) **Environs** : Rizières.

d) **Terrain lui-même** : Terrain de forme rectangulaire de dimensions 600 x 400 aménagé sur un petit plateau sablonneux inculte n'est jamais inondé.

e) **Obstacles** : Néant.

f) **Cartes utilisables** : Carte provisoire au 1/100.000ᵉ carte au 1/500.000ᵉ.

II. — INSTALLATION — RESSOURCES DE DÉPANNAGE.

a) **Hangar** : Néant.

b) **Dépôt de matériel** : Néant.

c) **Dépôt de combustibles** : Néant.

d) **Eau** : A proximité.

e) **Ateliers de réparation locaux** : Atelier des T. P. à Baria.

f) **Logement pour le personnel** : Baria à 4 km. Bungalow.

III. — COMMUNICATIONS.

a) **Routes existantes** : Route locale N° 4 carrossable en tous temps.

b) **Voie ferrée** : Néant.

c) **Voie fluviale utilisable pour le transport** : Néant.

d) **Ressources locales** : Autos et charrettes. Service quotidien autos régulier Saigon-Cap-Saint-Jacques.

e) **Liaisons** : Télégraphe à Baria.

f) **Renseignements divers** : Résident - Médecin.

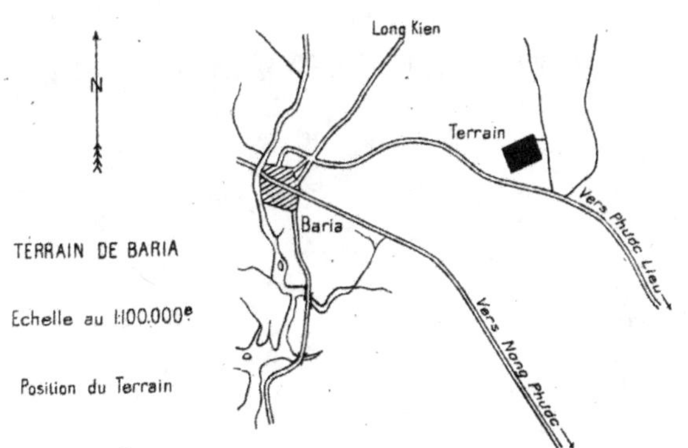

TERRAIN DE BARIA

Echelle au 1:100.000ᵉ

Position du Terrain

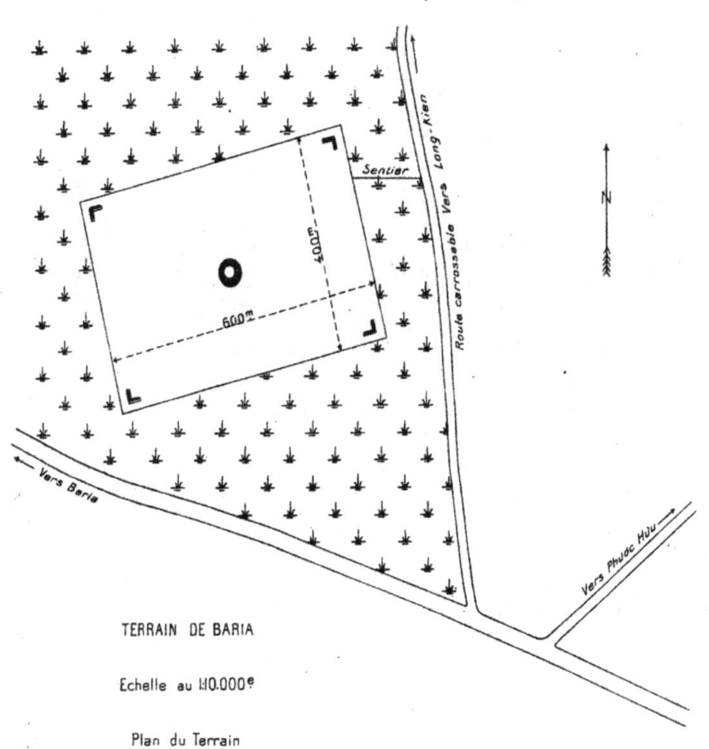

TERRAIN DE BARIA

Echelle au 1:10.000ᵉ

Plan du Terrain

Terrain du **CAP-SAINT-JACQUES**

(Terrain de secours)

Province de Baria

I. — POSITION.

a) **Position régionale**: Trois km. N. E. de la ville du Cap ; en bordure Est de de la route de Baria.

b) **Repères avoisinants**: Le Cap ; la route de Baria.

c) **Environs**: Sol sablonneux ; broussailles et souches ; plus loin, forêt.

d) **Terrain lui-même**: Bon sol à l'abri de l'inondation ; ondulations insignifiantes ; dimensions 400 x 400.

e) **Obstacles**: Ligne télégraphique le long de la route.

f) **Cartes utilisables**: 1/100.000ᵉ.

II. — INSTALLATION — RESSOURCES DE DÉPANNAGE.

a) **Hangar**: Néant.

b) **Dépôt de matériel**: Néant.

c) **Dépôt de combustibles**: Néant.

d) **Eau**: A proximité.

e) **Ateliers de réparation locaux**: S'adresser à l'Artillerie, au Cap.

f) **Logement pour le personnel**: Hôtel au Cap.

III. — COMMUNICATIONS.

a) **Routes existantes**: Route auto vers Saigon en lisière.

b) **Voie ferrée**: Néant.

c) **Voie fluviale utilisable pour le transport**: Embarcadère sur le Song-Dinh (chaloupes).

d) **Ressources locales**: Autos

e) **Liaisons**: Bureau des P. T. T. au Cap.

f) **Renseignements divers**: Délégué au Cap ; Garnison, Hôpital et Médecin.

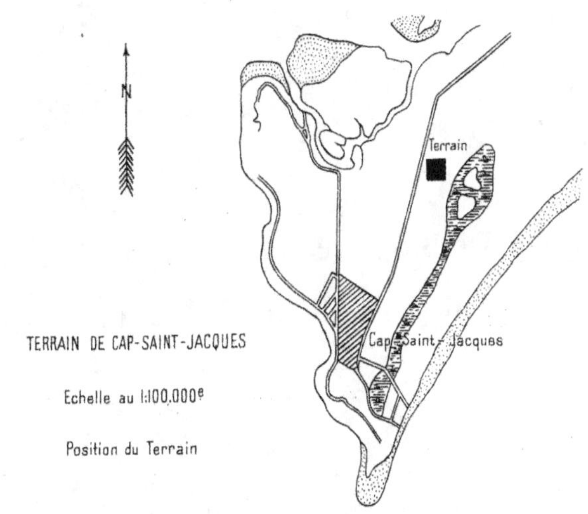

TERRAIN DE CAP-SAINT-JACQUES

Echelle au 1:100.000e

Position du Terrain

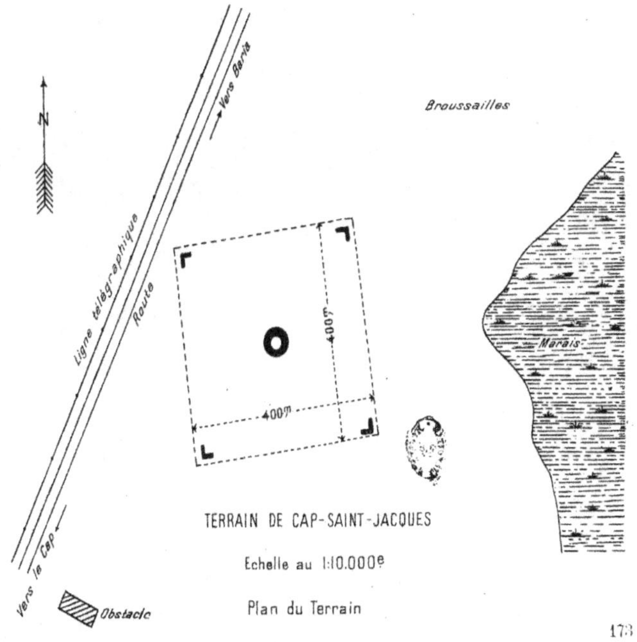

TERRAIN DE CAP-SAINT-JACQUES

Echelle au 1:10.000e

Plan du Terrain

Points d'Amerrissage recommandés sur le parcours
SAIGON - CAP-SAINT-JACQUES

Tronçon de la ligne Hanoi - Saigon par la côte ; déjà décrit.

TABLE DES MATIÈRES

Les cartes et les croquis ont été édités par le Service Géographique.

Hanoi. Imp. G. Taupin.

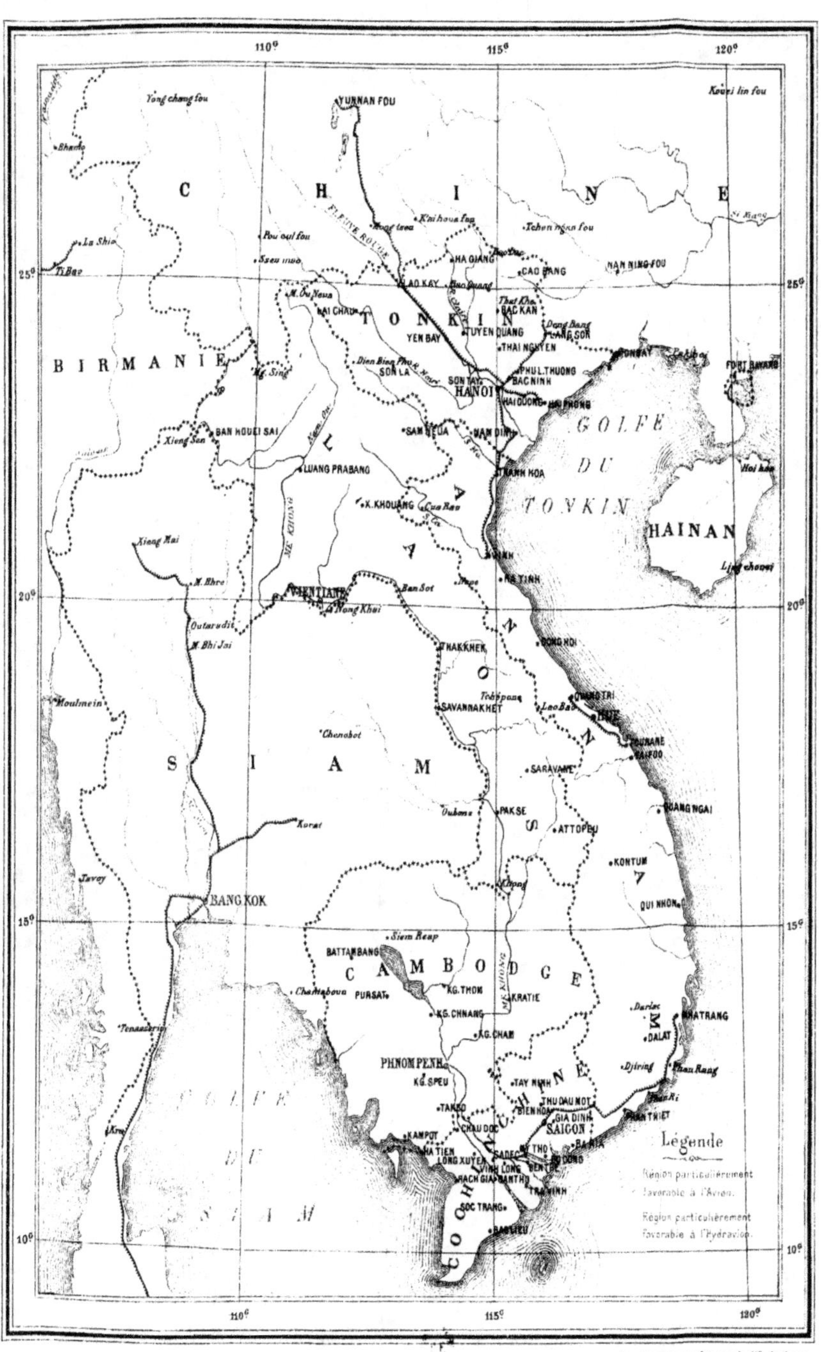

110°
115°
120°
CHINE
Yunnan fou
Kouei lin fou
Yong chang fou
Bhamo
La Shio
Ti Bao
25°
Pou oui fou
Sseu mao
Mong tseu
Kai houa fou
Tchen nan fou
Si Kiang
HA GIANG
CAO BANG
NAN NING FOU
LAO KAY
Bao Quang
That Khe
BAC KAN
M. Ou Neua
LAI CHAU
TONKIN
Dong Dang
LANG SON
YEN BAY
TUYEN QUANG
THAI NGUYEN
MONCAY
FORT BAYARD
Dien Bien Phu
SON LA
SON TAY
PHU LY THUONG
BAC NINH
HANOI
HAI DUONG
HAI PHONG
BIRMANIE
Mg. Sing
GOLFE
DU
TONKIN
BAN HOUEI SAI
Xieng Sen
SAM NEUA
NAM DINH
LUANG PRABANG
THANH HOA
LAO
HAINAN
Hoi hao
X. KHOUANG
Cua Rao
Xieng Mai
VINH
Lin chou
M. Ehre
HA TINH
VIENTIANE
20°
Ban Sot
Nong Khai
Outaradit
M. Bhi Jai
DONG HOI
THAKHEK
Moulmein
Tchépang
SAVANNAKHET
Lao Bao
QUANG TRI
HUE
SIAM
Chenabot
TOURANE
FAIFOO
SARAVANE
QUANG NGAI
Korat
Oubone
PAKSE
ATTOPEU
KONTUM
Javoy
QUI NHON
Stung
15°
BANG KOK
Siem Reap
BATTAMBANG
CAMBODGE
Chantaboun
PURSAT
KG. THOM
KRATIE
Dalac
NHATRANG
Tenasserim
KG. CHNANG
DALAT
KG. CHAM
PHNOM PENH
Djiring
Phan Rang
KG. SPEU
TAY NINH
ANNAM
THU DAU MOT
BIEN HOA
Phan Ri
TAKEO
GIA DINH
PHAN THIET
KAMPOT
CHAU DOC
SAIGON
BA RIA
HA TIEN
LONG XUYEN
SADEC
MY THO
GO CONG
VINH LONG
BEN TRE
RACH GIA
CANTHO
TRA VINH
COCHINCHINE
SOC TRANG
10°
BAC LIEU
GOLFE
DE
SIAM
Légende
Région particulièrement
favorable à l'Avion.
Région particulièrement
favorable à l'Hydravion.
Service Géographique de l'Indochine.
Echelle 1: 7.000.000.
100 50 0 100 200 300 400 500

INDOCHINE

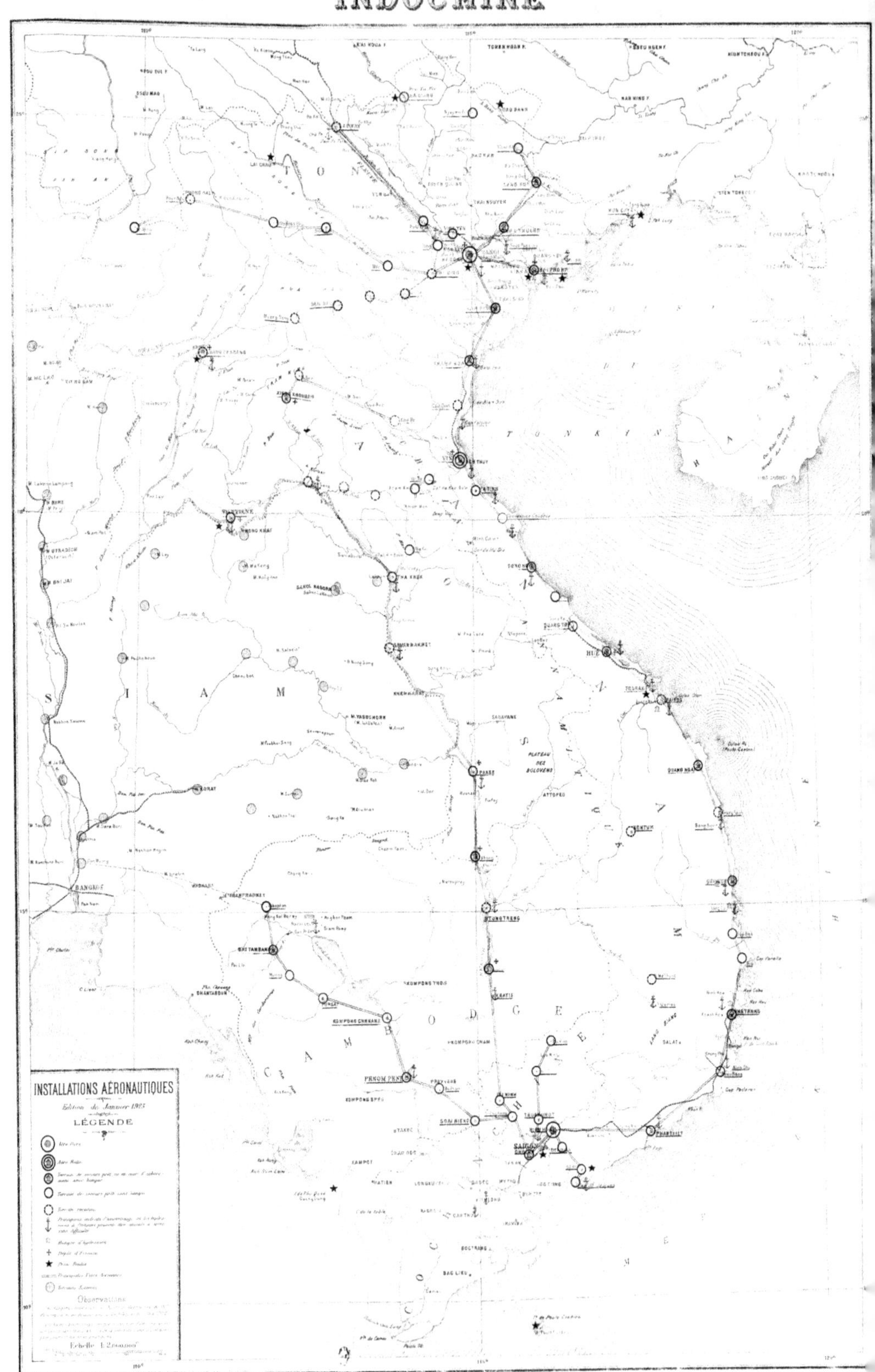